edition▸neue psychologie

1. Auflage 2022

Umschlaggestaltung: Kerstin Fiebig, ad.departement

Illustration Cover: © zzve clipdealer.com

Foto Autor: © Sabine Gnoth

www.innenwelt-verlag.de

CPI books, Leck

Printed in Germany

ISBN 978-3-947508-56-3

DER BLAUE FISCH

Thomas Geßner

ÜBER DEN ZEITGEIST

INHALT

ÜBER DIESES BUCH

Es hat selbst keine Handlung. Es beschreibt jedoch einige für die Gegenwart typische Handlungen unseres Bewusstseins, in denen sich der Zeitgeist spiegelt, sofern sie sich einer Beschreibung gerade als zugänglich erweisen.

Es ist nicht vollständig, sondern von Lust und Laune getrieben. Dort, wo ich meine blinden Flecken habe, kann sich der Zeitgeist aufdrängen, wie er will: Ich werde ihn nicht wahrnehmen.

Es muss nicht vollständig gelesen werden, sondern ebenfalls nach Lust und Laune. Sie wissen ja, blinde Flecken wehren sich so lange, bis man sie in Ruhe lässt.

Viel Vergnügen!

Thomas Geßner, im Februar 2022

1.

GESEHEN WERDEN

Du willst gesehen werden?
Lerne zu sehen.

Du willst Frieden?
Gestatte deinem Moment, genau so zu sein,
wie er gerade ist.

Du willst ehrliche Beziehungen?
Sei ehrlich mit dir selbst.

Du willst einer großen Idee dienen?
Diene dem, was in dir lebt.

Du willst die Welt verändern?
Erlaube der Welt, dich zu verändern.

Du willst lieben lernen?
Etwas anderes hast du nie getan.

2.

ÜBER DEN ZEITGEIST

Manchmal komme ich mir vor wie jener blaue Fisch in der Südsee, von dem Sie vielleicht schon gehört haben. Sein Nachbar fragte ihn morgens, wie er denn heute das Wasser finden würde. Der blaue Fisch antwortete erschrocken: „Welches Wasser?"

Er trifft damit die Voraussetzungen für meinen Versuch über den Zeitgeist und seine Rolle im Zusammenspiel von Kollektivem und Individuellem. Wir werden das Wasser für kurze Momente verlassen müssen, um ein klein wenig vom uns umgebenden Zeitgeist wahrnehmen zu können.

Erinnern Sie sich, wann Sie zum letzten Mal auf Ihr Smartphone geschaut haben? Vor zehn Sekunden, vor zwei Minuten oder gestern? Ich gerade eben. Ich wollte wissen, wie kalt es draußen ist. Sieben Grad Plus. Und ich musste nachschauen, ob ich am nächsten Wochenende tatsächlich frei habe. Kalender, Mails, Nachrichten, WhatsApp, Blutdruck-App, 1.000 Stunden Musik, 27 Fotoalben inklusive der letzten erinnerungspflichtigen Mahlzeiten, ein Fotoapparat, eine Videokamera, ein Diktiergerät, YouTube, Hunderte von Adressen, amerikanische Militärtechnik (GPS) und ihre Anwendungen in Landkarten und Stadtplänen, Ortungsdiensten und Bewegungsprofilen, das Internet mit seinen

Cookies (die mir noch immer Gemüseschäler auf den Minibildschirm zaubern, nachdem ich vor zwei Wochen einmal einen solchen gesucht hatte), eine Fitness-App (unbenutzt), mein Bahnfahrplan inklusive Tickets und Verspätungsmeldungen, ein Stimmgerät, eine Lupe, eine Taschenlampe, einen Wecker – und ein Telefon: tatsächlich. Was ich meinem Smartphone noch immer übel nehme, ist, dass man sich nicht damit rasieren kann. Ein integrierter Föhn wäre ebenfalls praktisch.

Das Smartphone: Symbol der Freiheit und Suchtmittel zugleich, gestaltgewordene Unabhängigkeitserklärung und der feuchte Traum aller Geheimdienste in einem. Mein Tor zur Welt und genau darin der Schlussstein jener unsichtbaren Wand, die mich rettungslos von der Welt separiert. Das Smartphone bereitet mir in der Verbundenheit mit allem und jedem die höchsten Wonnen der Symbiose. Gleichzeitig lässt es mich mutterseelenallein zurück, denn die Verbundenheit ist virtuell, sie besteht nur in meiner Vorstellung, im technisch-abstrakten Raum des Digitalen. Sie ist eine Illusion. In Wirklichkeit sitze ich allein mit mir und starre auf einen viel zu kleinen Bildschirm. Ich könnte sogar mit ihm reden. Das Smartphone antwortet mit sanfter Stimme, aber da lebt niemand. Oder vielleicht doch?

GEIST UND ZEIT

Eine präzisere Illustration zum Zeitgeist als das Smartphone und seinen allumfassenden Platz in unserem Alltag finde ich nirgends. Daher könnte ich jetzt schon mit meiner kleinen Untersuchung aufhören. Die Schwierigkeit besteht jedoch darin, dass ich mit dem bloßen Gebrauch des Smartphones nichts über den Zeitgeist aussage, sondern ihn vollziehe. „Der Zeitgeist bin ich", sozusagen, in Abwandlung einer Ludwig XIV. zugeschriebenen Staatsdefinition. Ich kann nichts anderes sein als der Zeitgeist, ich kann nichts über ihn schreiben, ohne dass er selbst mir die Finger führt. Denn ich und Sie und wir alle hier sind seine Geschöpfe, während wir ihn immerfort mit unserem Alltagsleben herstellen und ausgestalten. Ich müsste einen Ort außerhalb der Zeit finden, um etwas über die aktuelle Zeit und über ihren Geist, über das, was sie belebt und beseelt, aussagen zu können.

Es gibt diesen „Ort", er ist immer da, dazu jedoch später. Vorher schaue ich genauer auf jene beiden Begriffe, aus denen sich der „Zeitgeist" zusammensetzt, auf „Zeit" und auf „Geist".

Zu „Geist" fällt mir ein hebräisches Wort ein: „Ruach", der „Geist Gottes". „Ruach" schwebte zu Beginn der Genesis „über den Wassern", als die Erde noch „wüst und leer" war. Gott pustete dem Menschen, welchen er später aus Lehm geformt hatte, seinen „Ruach" in die Nase, und „so wurde der Mensch ein lebendiges Wesen". Als dann in der Antike die griechische Sprache nötig wurde, um den Hintergrund des hebräisch-aramäischen Jesus in Europa einordnen zu können, verstand man den „Ruach" Gottes mithilfe des griechischen Wortes „Pneuma". Es bezeichnet wie sein hebräisches Pendant eine Mischung aus Eigenschaft und Tätigkeit: „lebendig" und „atmen". Die deutsche Übersetzung von „Pneuma" heißt „Geist", im Sinne von: „atmende Lebendigkeit". Die Frage nach dem aktuellen „Zeitgeist" verändert sich nun: „Wo, wie und auf welche Weise hat diese Zeit ihre atmende Lebendigkeit?"

Um davon etwas sehen zu können, schauen wir auf den anderen Teil von „Zeitgeist": Was ist „Zeit"? Im physikalischen Sinne scheint „Zeit" ein Ausdruck des Energieerhaltungssatzes zu sein, und zwar in seiner Grundfunktion der Entropie (ruhig weiterlesen, es ist nicht das, wonach es aussieht): Energie entspannt sich immer von einem höheren, konzentrierteren Niveau in ein niedrigeres, weniger konzentriertes Niveau. Ein Beispiel: Gerade eben stellt mir der Kellner frischen Kaffee hin, heiß und dampfend. Diesem Kaffee würde es niemals einfallen, noch heißer zu werden, indem er seiner Umgebung, etwa der Kaffeehausluft, Energie entzieht. Er tut das Gegenteil: Er passt sich der Umgebung an, gibt Wärme-Energie ab und erreicht langsam die Lufttemperatur hier im Raum. Um das zu schaffen, braucht er unfassbar viele winzige Momente hintereinander. In jedem dieser Momente gibt mein Kaffee ein kleines Quäntchen Energie ab, während die umgebende Luft (oder mein Magen) dieses Quäntchen übernimmt. Meinem Magen wird dabei wärmer, der Luft im Café ebenfalls. Genau diese Abfolge von Momenten des Energieausgleichs nennen wir „Zeit".

Die physikalische Zeit entspringt seit dem Urknall dem Phänomen des Energieausgleichs, und sie geht immer in Richtung Entspannung. Eine weitere Funktion des Energieflusses von der Konzentration zur Entspannung heißt „Raum". Sie ergibt den Platz für die Bewegung des Energieausgleichs. Auch der Raum „fließt“ in Richtung Energie/Entspannung: Das Universum dehnt sich mit wachsender Geschwindigkeit offenbar immer weiter aus. Zeit und Raum sind die Bedingungen, innerhalb derer überhaupt etwas da sein kann, wir Menschen zum Beispiel und unsere Welt.

„Zeitgeist“ wäre damit auf unsere „atmende Lebendigkeit“ in dem aktuellen Raum-Zeit-Fenster des knapp vierzehn Milliarden Jahre alten Universums eingegrenzt. Nun sind „atmende Lebendigkeit“ und „physikalische Zeit“ zwei „Dinge“, die verschiedenen Welten angehören. Physikalische Zeit ist (wie der physikalische Raum) Grundbaustein der Welt der Formen, also dessen, was da ist. Atmende Lebendigkeit ist formlos, sie ist nicht da, sondern entfaltet sich in dem, was da ist: etwa in uns Menschen. Die Momente, in denen ich wahrnehme, wie der Kaffee meine Zunge trifft und seine Wärme meinem Magen schmeichelt, finden außerhalb der Zeit statt. Sie sind mein „Leben“, nicht meine „Zeit“. „Zeit“ (und „Raum“) sind physikalische Vorgänge. Die Lebendigkeit ist das, was diese Vorgänge wahrnimmt und in ihnen oder durch sie stattfindet. Anders gesagt: „Lebendigkeit“ ist meine Essenz, „Zeit und Raum“ bilden meine aktuelle Form: ein mittelalter, männlicher Mitteleuropäer.

Wenn man unmittelbar lebt, ist man im „Jetzt“, das ist außerhalb der Zeit. „Zeit“ und „Raum“ sind tatsächlich etwas anderes als unsere „atmende Lebendigkeit“ selber. Sie können diesen Unterschied wahrnehmen, wenn Sie sich von etwas vollkommen in Anspruch nehmen lassen, ohne dabei bewusst nachzudenken, wenn also Ihre atmende

Lebendigkeit sich in etwas gerade Aktuellem verlieren, verströmen und wiederfinden kann. Dann spüren Sie keine Zeit, sie ist einfach weg, im Nu verflogen. Sei es im Zusammensein mit einem geliebten Menschen, sei es mit einem guten Buch, sei es bei einer spannenden Tätigkeit, sei es mit Gedanken, Ideen, Gefühlen, Körperwahrnehmungen usw. Die moderne Wissenschaft nennt dieses Phänomen „Flow", die meisten spirituellen Schulen nennen es „Leben".

ABHÄNGIGKEIT UND KONTROLLE

Wo haben nun die kollektiven Erscheinungen unserer Gegenwart ihre Essenz, ihre Lebendigkeit, ihr Beseeltsein, und wie wirken sie in unser individuelles Leben hinein? Anders gefragt: Was macht der Zeitgeist mit uns?

Nach meinem Eindruck hat unser Zeitgeist seine Lebendigkeit, sein Beseeltes im Reich des Virtuellen. Er lebt in gedanklichen Bildern, in kollektiven Vorstellungen über uns selbst, über die anderen und die Welt. Der Geist unserer Zeit gibt uns ein klares Ziel vor: die möglichst umfassende Kontrolle über uns selbst, über die anderen und die Welt. Seine Vorstellungen (und damit die Vorstellungen der meisten heute lebenden Menschen) über das Dasein leiten sich aus diesem Ziel der umfassenden Kontrolle ab. Außerdem hat unser Zeitgeist die Eigenart, sich selbst sowohl über sein Ziel als auch über die ihn leitenden Vorstellungen im Unklaren zu lassen. Der Zeitgeist macht sich andauernd etwas vor. Er weiß nicht, dass er ein Kontrollfreak ist und dass er seine Vorstellungen über die Realität dazu benutzt, sich vor der echten Lebensrealität zu schützen, sich so vollständig wie möglich von ihr zu isolieren. Der Zeitgeist lebt mit sich selbst in Symbiose. Er kann sich nicht von seinem Ziel der Kontrolle und seinen daher rührenden Vorstellungen über das Leben unterscheiden. Er ist sich seiner selbst vollkommen unbewusst und daher gänzlich unbekannt. Der Zeitgeist ist sich selbst ein Fremder.

Ich beklage dies nicht, ich schaue nur hin und beschreibe, was ich sehe. Die Klage über die Verhältnisse ist eine Geste der gefühlten Ohnmacht, sie selbst gehört zum Standardrepertoire des aktuellen Zeitgeistes. Wie kommt der Zeitgeist auf sein Ziel der umfassenden Kontrolle? Wie komme ich überhaupt darauf, dass dies sein Ziel sei? Und welche Gestalt findet dieses Ziel in den kollektiven Vorstellungen unserer Zeit? „Kontrolle" bezeichnet ja unser natürliches Verhalten zur Abwendung von Ohnmacht und damit von Lebensgefahr, solange wir uns abhängig von einer Umgebung fühlen. Sie ist das wichtigste Instrument der abhängigen, unbewussten Liebe, also unseres Überlebenstriebes.

Ich will hier kurz umreißen, was dabei aus meiner Sicht vor sich geht: Während der Kindheit leben wir in emotionaler Abhängigkeit von unserer primären Gruppe, der Familie. Das Wichtigste für Kinder ist die subjektiv gefühlte, uneingeschränkte Zugehörigkeit, denn sie bedeutet Sicherheit vor der Lebensgefahr des Verlorengehens. Unser emotionales Gewissen informiert uns zu jeder Zeit darüber, ob wir noch dazugehören, also in Sicherheit sind. Dann fühlen wir uns unschuldig und haben ein „gutes Gewissen". Falls unsere Zugehörigkeit gefährdet ist, wir also unbewusst eine

Lebensgefahr wahrnehmen, fühlen wir uns schuldig, samt „schlechtem Gewissen". Bert Hellinger hat diese Dynamiken entdeckt und beschrieben.

Mithilfe unseres Gewissens bleiben wir als Kinder, von innen heraus gesteuert, immer im sicheren Bereich der Umgebung, von der wir abhängig sind. Wir sagen unbewusst zu ihr: „Für dich tue ich alles, egal was es mich kostet, denn wenn es dir gut geht, bleibe ich am Leben." Die emotionale Abhängigkeit führt dazu, dass wir uns gefühlsmäßig mit unserer Umgebung verwechseln und alles auf uns beziehen, was in der primären Gruppe geschieht. Wir leben in emotionaler Symbiose mit den Eltern und Geschwistern, manchmal auch mit den Großeltern oder noch früheren Generationen. Dies alles ist unvermeidlich, bringt uns während der Kindheit oft zu unglaublichen Anpassungsreaktionen und sorgt dafür, dass wir die kindliche Abhängigkeit schließlich überleben. In der emotionalen Abhängigkeit entsteht eine genau für diese passende Art und Weise der Selbst- und Weltwahrnehmung. Wilfried Nelles (2009) beschreibt sie als „Wir- oder Gruppenbewusstsein". Die inneren Echos aus dieser Zeit der emotionalen Abhängigkeit und der damit verbundenen, zum Teil traumatischen Überlebensmuster bevölkern das Feld von Seelsorge, Therapie und Beratung und natürlich das der Aufstellungsarbeit, mit der ich selbst hauptberuflich beschäftigt bin.

Wir können jedoch keine Kinder bleiben, wir müssen das Nest verlassen. Diese Bewegung in das eigene Leben bildet nach meinem Eindruck den Kern des aktuellen Zeitgeistes. Der jugendliche Entwicklungsraum, welcher sich nach der

Kindheit auftut, ergibt sozusagen das zeitgenössische Wasser, in dem die blauen Fische schwimmen. Im individuellen Leben hört die Kindheit auf, wenn die Sexualhormone unsere Körper überfluten. Die Pubertät beginnt. Während der Entwicklungsraum für Kinder relativ eindeutig durch die emotionale Zugehörigkeit zur Familie definiert war, sieht die Jugend sich zwei gegensätzlichen Aufgaben gegenüber: Sie muss zum einen, um ihrem Fortpflanzungsimpuls folgen zu können, die Familie verlassen. Damit bringt sie das Kind, welches sie einmal war, in Lebensgefahr. Sie nimmt es aus der Familie heraus und entzieht ihm seine lebensnotwendige Zugehörigkeit. Die Jugend wird daher zum anderen um jeden Preis verhindern, dass dieses innere Kind sich je wieder so ohnmächtig und ausgeliefert fühlt wie damals. Sie muss es daher schaffen, ein eigenes Leben außerhalb der Herkunftsfamilie zu finden und gleichzeitig dem Kind, das sie einmal war, die innere Zugehörigkeit zu eben dieser Herkunftsfamilie erhalten. Die Jugend versucht zu wachsen, ohne schuldig zu werden.

Dazu stellt sie unbewusst das kindliche Gruppenbewusstsein auf den Kopf und entwickelt daraus ein Ich-Bewusstsein. Sie muss sich ein autonomes Ich, ein individuelles Leben aufbauen, ohne die Regeln der Kindheit, der Zugehörigkeit und des emotionalen Gewissens zu verletzen, ohne also in innere Lebensgefahr zu geraten. Das ist notwendig und gleichzeitig unmöglich. Es geht nur, wenn man sich etwas über das Leben vormacht. Dazu verhelfen wir uns mit einem Trick: Wir nehmen das komplette emotionale Koordinatensystem der Kindheit als heimliches Gepäck mit, wenn wir das Haus der Kindheit verlassen. Wir verwandeln die emotionale Umgebung, von der wir als Kinder abhängig waren, in eine unbewusste innere Umgebung, auf die wir nun derart reagieren, dass die körperlich-psychische Erinnerung zu wesentlichen Kindheitsereignissen, also zu unserem inneren Kind, weiter ungefährdet dazugehören kann.

Der Trick vollzieht sich unterhalb des „Radars" unserer bewussten Wahrnehmung. Er sichert unser Überleben, solange wir innerlich Jugendliche sind. Direkt im „Radar" der bewussten Wahrnehmung geschieht genau das Gegenteil: Wir versuchen, uns mittels rationaler Unterscheidungen über die emotionalen Dilemmata der kindlichen Vergangenheit klarzuwerden (andere emotionale Dilemmata als die kindlichen gibt es nicht) und alles genau entgegengesetzt wie damals zu machen, um ihnen in Zukunft zu entgehen. Dazu müssen wir die kindliche Ohnmacht in Macht verwandeln, also in echte Wirksamkeit, zum einen uns selbst gegenüber, zum anderen den anderen und der Welt gegenüber. Die Werkzeuge dazu liefert uns das Denken. Mit seiner Hilfe lassen sich rationale Modelle herstellen, die in der Lage sind, das emotionale Wirrwarr der Pubertät zu reflektieren und zu durchschauen.

Das Mittel, um Ohnmacht in Macht zu verwandeln, heißt Kontrolle. Wir kontrollieren uns selbst, die anderen und die Welt mihilfe des Denkens, mithilfe unseres Verstandes. Notwendigerweise fallen wir dabei auf unsere rationalen Modelle des Lebens herein und halten sie für die Realität. Wir identifizieren uns mit ihnen, sodass sie ein kollektives

Phänomen werden, so etwas wie ein kollektiver Glaube. Der Zeitgeist hält überhaupt die Realität des Lebens für konstruierbar und damit für veränderbar, aber diese Täuschung ist offenbar ein notwendiger, unvermeidlicher und nicht zu umgehender Entwicklungsraum der kollektiven Jugend.

In unserem Zeitgeist sehe ich die jugendlich-abhängige Liebe bei der Arbeit. Unter „abhängige Liebe" verstehe ich alle körperlichen, emotionalen und gedanklichen Anpassungsbewegungen, die wir vom Moment der Zeugung an vollziehen, um in einer Umgebung zu überleben, von der wir uns als abhängig wahrnehmen. Die abhängige Liebe hat drei Stufen: körperlich (der Mutterleib, Ungeborenes), emotional (die Familie, das Kind) und gedanklich (das eigene Weltbild, die Jugend). Das Ungeborene vollzieht die Anpassungsbewegungen, indem es seine Gestalt bildet. Während der Kindheit werden sie als Emotionen fühlbar, unter anderem auch als Liebe. In der Jugend dominieren sie unser Denken.

Das Gewissen als „lebensrettender Zugehörigkeitsanzeiger" arbeitet auf jeder Stufe der abhängigen Liebe: im körperlichen Vollzug (Mutterleib), in der emotionalen Landschaft (Kindheit) sowie in der gedanklichen Treue zu rationalen Vorstellungen (Jugend). Analog zur Jugend macht sich der aktuelle Zeitgeist unbewusst abhängig von seinen Vorstellungen über das Leben und verhält sich seinen eigenen Vorstellungen gegenüber genau so wie Kinder gegenüber ihren Eltern: Treue zu ihnen entspricht der sicheren Zugehörigkeit, sichere Zugehörigkeit wiederum entspricht der Abwendung von Lebensgefahr.

Ich möchte im Folgenden anschauen, wie die jugendlich-abhängige Liebe im kollektiven Kontext wirkt, anders gesagt, wo und wie sich aus meiner Sicht die „atmende Lebendigkeit" unserer Gegenwart zeigt. Dazu nähere ich mich drei prominenten Vorstellungen des Zeitgeistes. Es sind kollektiv wirksame innere Konzepte oder auch Modelle der Realität: „Freiheit", „Funktionieren" und „Lösung".

FREIHEIT

Byung-Chul Han, ein koreanischer Philosophieprofessor in Berlin, hält das Projekt der „Freiheit" in der modernen Leistungsgesellschaft für gescheitert. Es beginne als ein Gefühl des: „Yes we can", unterliege aber regelmäßig der Macht des Kapitals. Bevor ich weiterschreibe, weise ich darauf hin, dass ich in diesem Büchlein die Sprache der psychologischen Betrachtung verwende, nicht jedoch die Sprache von Politik, Moral oder Rechtswesen.

Freiheit im psychologischen oder seelischen Sinne ist nicht möglich, solange man „entkommen will", sei es einer früheren Abhängigkeit, einer zu eng gewordenen Tradition, einer Bedrohung oder was auch immer. Freiheit im psychologischen oder seelischen Sinn hat keine Bedingungen, weder äußere noch innere. Der Satz etwa: „Wenn ich das und das geschafft oder hinter mir gelassen habe, dann bin ich frei", knüpft Freiheit jeweils an eine Bedingung: „Wenn ich genügend Geld habe /wenn ich endlich zuhause ausgezogen bin /wenn die Mauern fallen /wenn die Unterdrückten dieser Erde sich endlich (nach meinem Programm) zusammenschließen

/wenn der Klimawandel, die Pandemie, das Artensterben, der Hunger, die Kriminalität oder der Krieg endlich global bekämpft würden, dann wäre ich frei." All diese Ziele streben eine Kombination aus größerem Bewegungsspielraum und erhöhtem Sicherheitsgefühl an. Sie riechen also nach Freiheit. Dennoch haben sie nichts mit Freiheit zu tun, sondern mit Autonomie.

Autonomie, das Leben nach „eigenem Gesetz", schaut immer in die Vergangenheit, um sich von ihr zu befreien. Sie bleibt dadurch bis in die Gegenwart mit dem ohnmächtigen „Damals" verbunden, und zwar genau dadurch, dass sie es zu überwinden und „loszulassen" versucht. Autonomie bleibt rückwärts gewandt, sie braucht das Vergangene als Orientierung und damit heimlich als Sicherheit. Die kollektive Idee der Autonomie wird im öffentlichen Diskurs tatsächlich irreführend „Freiheit" genannt, „frei sein von ...", „bürgerliche Freiheit", „demokratische Freiheit". Sie besteht auf größerem Spielraum bei gleichzeitig größerer Sicherheit wie im unfreien „Damals". Sie feiert sich, wenn sie dieses Gefühl erreicht oder verteidigt hat.

Autonomie redet sich selber ein, echte Freiheit zu sein, um nicht wahrnehmen zu müssen, dass sie nur eine ins Gegenteil gewendete Abhängigkeit von „Damals" ist. Ihr Lieblingsspielzeug scheint im Moment das zu Anfang besungene Smartphone zu sein, am besten in seiner outdoortauglichen „Jack-Wolfskin-Version", mit der man den prachtvollen Sonnenuntergang im Himalaya oder das tolle Essen beim Chinesen nebenan fotografieren und socialmediamäßig symbiotisch vervielfachen kann.

Das Internet scheint mir die gedankliche Symbiose mit unseren rationalen Modellen technisch umzusetzen. Es ist damit eine präzise, wenn auch virtuelle Verdinglichung unseres Unbewussten. Es ist kollektiv zugänglich, bleibt aber unerkannt. Es wird damit in seinem Kontrollimpuls massenwirksam und gleichzeitig unkontrollierbar. Unsere technische Umgebung ist tatsächlich der Ort, wo unser kollektives Unbewusstes seine Gestalt und seinen Ausdruck findet. Diese Einsicht verdanke ich Wolfgang Giegerich.

Freiheit hat im Gegensatz zur Autonomie keine Bedingung und keine Sicherheit. Freiheit bewegt sich in der technisch-digitalen Umgebung, ohne sich mit ihr zu verwechseln. Sie kommt von jenem „Ort“ außerhalb der Zeit, von dem aus der blaue Fisch das Wasser als solches wahrnehmen könnte: aus der unmittelbaren Lebendigkeit, aus dem gegenwärtigen Augenblick. Mein gegenwärtiger Augenblick gehört nicht zur „Zeit“, wie wir gesehen haben, sondern er ist einfach mein Leben, wie es gerade stattfindet. Freiheit kann sich in diesem Augenblick ereignen, völlig unabhängig von äußeren oder inneren Umständen. Sie emanzipiert sich von nichts, sie bekämpft nichts, sie muss nichts loslassen oder lösen. Sie lebt einfach. Sie kommt aus dem Wachstumstrieb, welcher nach Entfaltung drängt. In meinen Anschauungen über die unbewusste Liebe nenne ich dieses Phänomen „Selbstliebe“. Sie verbindet uns mit der inneren Lebendigkeit, mit unserer Essenz.

Freiheit in diesem Sinne spielt im öffentlichen Diskurs kaum eine Rolle. Anders als Autonomie würde Freiheit den Zeitgeist unterlaufen, weil sie seine Modelle als solche erkennt und sich lieber auf Realien als auf Phantasien verlässt. Sie vertraut dem natürlichen Fluss des Lebens mehr als der (aussichtslosen) Kontrolle desselben. Freiheit fühlt sich immer sicher, daher muss sie auf keine Umgebung in abhängiger Weise reagieren.

Freiheit kann agieren, einfach aus dem Moment heraus. Sie ist dem Denken, dem rationalen inneren Modellbau, nicht zugänglich und auch nicht verständlich, sondern führt darüber hinaus. Ein Ausdruck dieser Freiheit ist die phänomenologische Haltung gegenüber sich selbst, den anderen und der Welt: Sie überlässt sich ohne weitere Absichten oder Konzepte dem, was im gegenwärtigen Moment erscheint. Wenn man damit im beruflichen und im persönlichen Leben einmal angefangen hat, kann man nicht mehr aufhören. Diese Haltung der grundsätzlichen Erlaubnis wird sich mit der Zeit wie ein Ferment in alle Lebensbereiche hinein ausbreiten. Man wird dann ein Fremder unter den Fischen. Vielleicht wechselt man sogar die Farbe. Doch zurück zu den jugendlichen Modellen von der Lebensrealität, hier zum Konzept des „Funktionierens".

FUNKTIONIEREN

Die Idee, dass man selbst, dass andere Leute oder auch technische Dinge wie Waschmaschinen „funktionieren" müssten, sich also entsprechend einer vorher ausgesprochenen Zuschreibung zu verhalten hätten, stellt tatsächlich ein ziemlich absurdes Lebensmodell dar. Es scheint jedoch allgemeine Zustimmung zu finden. Wie funktioniert dieses Modell?

Damit ich „funktionieren" kann, muss die definierende Zuschreibung mächtiger sein als ich. Sie muss sich auf jemanden beziehen, von dem ich subjektiv auf Leben und Tod abhängig bin. „Funktionieren" bedeutet, ich passe mein Handeln, Fühlen und Denken so an, dass ich in dieser Abhängigkeit überleben kann. Es übt Kontrolle in zwei Richtungen aus: Ich kontrolliere mich selbst so, dass ich etwa als Kind weiter zur Familie gehören kann oder als Jugendlicher meinen inneren Lebensmodellen weiterhin treu bleibe, etwa meinen Idealen. Und ich kontrolliere meine Umgebung so, dass sie mich behält, mir die Zugehörigkeit und damit das Überleben erlaubt. Als Kind ist meine „Umgebung" die Familie. Im Status der Jugend entsteht das psychische Phänomen „Umgebung" durch die Übertragung meiner unbewusst und emotional verinnerlichten Familie auf alles, was ich sehe, also auf mich selbst (etwa meine Körperlichkeit), auf die anderen (etwa meinen Liebespartner) und auf die Welt (etwa die Umwelt).

Das führt dazu, dass der Zeitgeist alles, was funktioniert, als gesund bzw. okay ansieht, während er alles, was nicht „funktioniert", entweder für schwach, krank oder verrückt hält. Der aktuell vorherrschende Krankheitsbegriff als „Funktionsstörung" kommt aus dieser Vorstellung, ebenso die Vorstellung von „Trauma" als Störung, obwohl „Trauma" eigentlich genau das Gegenteil davon ist, nämlich eine lebensrettende Art und Weise, bedrohliche Störungen zu verarbeiten. Der Zeitgeist will „Störungen" immer beseitigen, ob in der Medizin, in der Politik oder in der Umwelt. Die Vorstellung vom Funktionieren enthält in sich den Zwang zum Optimieren, wenn etwa meine Vorstellung von einem „funktionierenden" Ich immer wieder auf mich selbst als eine reale Person trifft und dann versuchen muss, diese Realität der Vorstellung anzupassen. Das führt im Ernstfall in einen endlosen inneren Krieg gegen sich selbst. Im kollektiven Kontext geschieht dies ebenfalls, es wird andauernd „intensiviert, optimiert, flexibilisiert, effektiviert, angepasst, erneuert, zukunftsfähig und wettbewerbsfähig gemacht", es wird „gestaltet, geplant und umgesetzt".

Im psychologischen Sinne sind dies ausnahmslos Kontrollbewegungen, um die Realitäten des Daseins gemäß einem inneren Modell oder Bild „in den Griff zu kriegen". Zur Kontrolle über das eigene Leben gehört auch die Kontrolle über das Aussehen mittels Sport, Chirurgie und Kosmetik, über die physische und psychische Funktionalität (also Gesundheit und Leistungsfähigkeit), über das Geschlecht, das Alter usw. Außerdem gehört dazu die Vorstellung von Erfolg im Sinne von Wirksamkeit im selbst gewünschten Sinn, die Vorstellung vom freien Willen, von erfüllender Beziehung, erfüllender Arbeit usw. Die Königsdisziplin im Fach Optimierung schließlich heißt „Rettung der Welt". Sie stellt die Nachwuchsakademie für Diktatoren aller Art. Die Retter der Welt sind immer Diktatoren oder Diktatorinnen.

Natürlicherweise verliert der Zeitgeist wesentliche Realitäten des Daseins beim Optimieren desselben aus dem Blick. Zu diesen Realitäten oder „unbequemen Wahrheiten" gehören die tatsächlichen existenziellen Abhängigkeiten des menschlichen Daseins, etwa die nicht umgehbare Abhängigkeit von einem gewissen Grundgleichgewicht in den Resten unserer natürlichen Umgebung wie atembarer Luft, sauberem Wasser, ungiftigem Boden und genügend Insekten zum Bestäuben des Getreides. Weiterhin gehören die Gegebenheiten des Lebens wie Geburt, Tod, Geschlecht und Hautfarbe dazu, welche uns einfach zustoßen, ohne dass wir das Geringste daran ändern könnten: In ihnen „geschieht" uns das Leben.

Es gehört ebenso die einfache Tatsache dazu, dass wir alle Menschen sind, von einer Frau geboren, mit einem Recht zu leben, für lange Jahre auf Zugehörigkeit und Sicherheit angewiesen, wie die Tatsache, dass all dies auch durch noch so absolute (und damit tödliche) Modelle des Zeitgeistes, wie sie sich in den verschiedenen religiösen, kulturellen und politischen Extremismen zeigen, nicht außer Kraft gesetzt wird. Der Zeitgeist sieht diese menschlichen Gemeinsamkeiten nicht, wie uns die aktuellen Nachrichten auf dem Smartphone minütlich zeigen. Verständlicherweise ertönt nun der Ruf nach der „Lösung" und damit nach einer Art endgültiger Optimierung des eigenen Funktionierens. Hier wird die Suche nach der „Lösung" als die am besten getarnte Kontrollbewegung des Zeitgeistes erkennbar. Natürlich hat sie in seiner Reparaturwerkstatt einen prominenten Platz gefunden, nämlich in Therapie und Beratung. Hiermit sind wir beim dritten jugendlichen Konzept oder Modell, dem der Zeitgeist gerade wie verzaubert folgt: der Lösung.

LÖSUNG

Zunächst sucht man seine Lösungen in jener Zeit, von der man sich lösen will: in der Vergangenheit. Die aktuellen

Schwierigkeiten des Zeitgeistes entstehen ja erst, indem er die gegenwärtige Realität mit seinen eigenen (Überlebens)-Modellen verwechselt. Seine Modelle passen ins „Damals", sie haben uns damals gerettet, aber sie sind heute nicht mehr gültig und vor allem auch nicht mehr notwendig.

Ein kluger Mensch hat einmal sinngemäß gesagt, dass man aus der Geschichte nur eines lernen könne, nämlich dass man nichts aus ihr lerne. Das klingt fatalistisch, aber nur aus der Sicht des Zeitgeistes und seiner Optimierungsideen. Von außerhalb des Zeitgeistes ist dies die einfache und vor allem unausweichliche Wahrheit der abhängigen Liebe, eine Wahrheit unserer Zeit. Darüber hinausführendes „Lernen", also das Verlernen der modellhaften Überlebensmuster unseres Zeitgeistes, geschieht nur in der Verbindung zum gegenwärtigen Moment und seiner relativen Sicherheit, im Unterschied zum bedrohlichen „Damals".

Ich halte es daher für einen Irrtum, heutiges Unglück mit bestimmten Ereignissen oder Schrecken der Vergangenheit zu erklären, etwa damit, was uns als Kinder geschehen ist, oder damit, was unsere Eltern bzw. Großeltern getan oder erlebt haben. Heutiges Unglück kommt aus der Art und Weise, wie wir noch heute auf das Damalige innerlich reagieren, wenn uns Ähnliches begegnet. Es kommt aus unserem aktuellen Überlebenstrieb, welcher den damaligen Schrecken nicht vorbei sein lässt, um auf Ähnliches vorbereitet zu bleiben. Der suchende Blick in die Vergangenheit, verbunden mit der Hoffnung, in der Analyse der damaligen Ursachen die Lösung für heutige Probleme zu finden, kann im Gegenteil die Symbiose mit dem „Damals", die unbewusste Identifizierung mit den damals hilfreichen Überlebens- und Anpassungsreaktionen weiter verstärken.

Der unablässige (und unbewusste) Blick in die Vergangenheit gehört zur pubertierenden Jugend. Sie hat keinen anderen, denn sie muss ja von dort wegkommen und sich mit allen Mitteln davor schützen, Ähnliches jemals wieder zu erleben. Die kollektive Entsprechung dazu entspringt dem Programm der Aufklärung und damit der Grundlage der sogenannten westlichen Werte. Sie heißt: „Aufbruch aus der selbstverschuldeten Unmündigkeit". Natürlich kollidiert dieses im Grunde jugendliche Programm fortwährend mit den unbewussten Zugehörigkeits- und Sicherheitsbedürfnissen des kindlich-emotionalen Gruppenbewusstseins, wie wir etwa an der aktuellen Flüchtlingsdebatte bis hin zur Populismuskrise in Europa gut sehen können.

Das Dilemma zwischen Zugehörigkeit und Autonomie ist prinzipiell nicht lösbar, solange man es lösen will. Die „Lösung" besteht darin, es ungelöst zu lassen, die Vergangenheit zu lassen, wo und wie sie war, und sich der Gegenwart zuzuwenden. Die Gegenwart ist der einzige sichere Anker, um jenseits von Problem und Lösung in eine innere Haltung zu finden, die über den Zeitgeist, seine Verwechslungen und Begrenzungen hinausführt. Diese Haltung überlässt es der Gegenwart, uns immer aufs Neue mit dem Leben zu verbinden, wie es eben gerade durch uns geschieht.

Der Zeitgeist selbst ist blind, wie alles, was aus abhängiger Liebe kommt. Er sieht nicht, worum es im Moment geht, er kann nicht wahrnehmen, was das Leben gerade gewährt oder fordert. Das Leben gibt üppige Ressourcen für alle und gleichzeitig die Möglichkeit, sich durch übermäßigen Ressourcenverbrauch das Weiterleben als Art zu verbauen. Das Leben gibt Schönheit und Freude in der Gegenwart für alle. Es gewährt gleichzeitig die Möglichkeit, beides komplett zu übersehen oder auch auszuradieren.

Mir scheint es beim kollektiven Zeitgeist um etwas Ähnliches zu gehen wie bei der individuellen Pubertät: Hauptsache, man überlebt sie. Mit etwas Glück kommt man innerlich im realen Leben an und kann sich daran freuen. Übrigens, ich mag mein Smartphone. Als Kind habe ich immer von einem kleinen Handfernseher geträumt, mit dem ich heimlich unter der Bettdecke „Lassie" gucken könnte. „Lassie" ist überall, aber das kann man dem blauen Fisch nicht erzählen.

Der blaue Fisch schwimmt jetzt über mir.
Ich sehe seinen silbernen Bauch.

3.

GROSSE GRAUE HUNDE

Kein Ereignis der letzten Jahrzehnte hat in so kurzer Zeit eine derartige Menge an unterschiedlichster Bedeutung auf sich konzentriert wie das Phänomen „Corona". Ein groteskes Missverständnis, wie ich finde, denn: Corona an sich hat keine Bedeutung. Jedenfalls keine, welche über die Bedeutung anderer Naturereignisse hinausgehen würde. Es ist weder mehr noch weniger bedeutend als etwa ein Sturm, ein Erdbeben, eine Flut oder eine Dürre, ein Vulkanausbruch, eine Eiszeit, eine Warmzeit, ein Sonnenaufgang oder das Ausbleiben eines solchen. Corona geschieht einfach, wie die übrige Natur auch.

Wir Menschen haben uns bislang erfolgreich Nischen suchen können, in denen wir das natürliche Geschehen überleben oder sogar für uns nutzen konnten. Corona lässt jedoch keine Nischen übrig, denn es kann überall da sein, wo auch Menschen sind. Was nun? Wie geht unser Bewusstsein mit dem Phänomen einer unsichtbaren allgemeinen Bedrohung um? Corona betrifft ja etwas so Elementares wie unsere Atemluft. Wenn man sie mit anderen Menschen teilt, enthält sie möglicherweise hochinfektiöse Aerosole. Die Luft geht uns so nahe wie dem blauen Fisch das Wasser. Die

Bedeutung von „Luft zum Atmen“ hat sich gewandelt in „Lebensgefahr zum Atmen“, die Bedeutung von „Mitmensch“ in „Infektionsherd“, möglicherweise jedenfalls.

Um zu verstehen, was das bedeutet, schauen wir darauf, wie „Bedeutung“ überhaupt entsteht. Be-Deutung scheint ein unbewusster Vorgang zu sein, mit dessen Hilfe wir die Erscheinungen unseres Daseins einordnen, um mit ihnen zurechtzukommen. Ein paradigmatisches Beispiel dafür finde ich in Adam und Eva, den ersten Menschen der biblischen Urgeschichte, wenn sie allem, was Gott geschaffen hat, einen Namen geben, es benennen und damit bedeuten.

Menschen müssen alle Erscheinungen, die ihnen begegnen, einordnen: „lebensgefährlich“ oder „lebensförderlich“ ist die Frage dabei, ebenso wie „schmerzhaft“ oder „lustvoll“. Die Be-Deutung „lebensgefährlich“ verbindet sich mit dem Eindruck von Ohnmacht, Ausgeliefertsein, Schmerz und Angst. Die Be-Deutung von „lebensförderlich“ kommt dann der jeweils anderen Seite der Medaille zu, also dem Eindruck von Kontrolle, Handlungsfähigkeit, Lust und Liebe.

Alle Be-Deutungen entstehen aus dem völlig subjektiven Eindruck, den die Betroffenen von der jeweiligen Erscheinung haben. Ein Kind etwa wächst mit einem großen grauen Hund auf, der schon vor seiner Geburt bei den Eltern wohnte. Es spielt mit ihm, manchmal kuschelt es sich mit ihm in seine Ecke. Es hat den Eindruck eines wundersamen Familienmitglieds, eines warmen starken Fellwesens. Ein anderes Kind aus dem Haus von gegenüber geht indessen nur dann auf die Straße, wenn der große graue Hund nicht zu sehen ist. Nachts träumt es voller Angst, von ihm angefallen und gebissen zu werden. Es hat den Eindruck einer großen Gefahr, einer unmittelbaren Bedrohung.

Welcher Eindruck ist hier „richtig"? Welche Be-Deutung also wäre korrekt? Ich befürchte, dass es die eine korrekte Bedeutung nicht gibt. Ich behaupte weiterhin: Es gibt überhaupt keine Be-Deutung, die irgendetwas über das Reale aussagen kann. Es gibt nur Be-Deutungen, die etwas über diejenigen aussagen, die sie vollziehen.

Der große graue Hund ist immer dasselbe Tier. Die Kinder in meinem Beispiel jedoch unterscheiden sich fundamental voneinander, und zwar in dem subjektiven Eindruck, den sie von diesem Tier haben. Hinzu kommt, dass jedes der beiden Kinder für sich genommen völlig recht hat mit seinem Eindruck. Sie können nicht tauschen, denn nach ihrem Eindruck hängt ihr Überleben von diesem ihrem Eindruck ab. Anders gesagt, Kinder können nicht die Perspektive wechseln, denn an ihrer Perspektive entscheidet sich ihr Erleben von Gefahr oder Sicherheit.

Das neuartige Coronavirus lässt nicht so klar be-deuten wie ein großer grauer Hund. Niemand kann es mit bloßem Auge sehen. Was man sehen kann, ist, dass Menschen krank werden, man hat Ähnliches schon bei Grippe und Lungenentzündung bemerkt, und doch ist es irgendwie anders, komplizierter und langwieriger. Einige der kranken Menschen sterben, und da weltweit sehr viele krank werden, sterben auch viele. Manche kämpfen mit schweren gesundheitlichen Langzeitfolgen.

Die Fachleute für große graue Hunde sagen, dass das neuartige Virus aus der Klasse der Coronaviren die Ursache dafür sei. Ich persönlich bin gewohnt, ausgewiesenen Fachleuten für große graue Hunde zu glauben, auch wenn ich diese Tiere nicht sehen kann. Das Kind, das mit ihnen aufwächst, glaubt der Be-Deutung der Fachleute, sie seien völlig ungefährlich. Das Kind von gegenüber glaubt ihnen kein Wort, mit seinen eigenen guten Gründen.

Was nun? Wir Menschen haben ja keine Wahl, wir müssen eine Be-Deutung vollziehen, also eine Deutung vornehmen und dabei entscheiden: gefährlich oder nicht. Wir sind entweder das Kind mit den großen grauen Alpträumen oder das Kind mit dem großen grauen Kuscheltier. Unsere Be-Deutung entscheidet darüber, ob wir auf dieser oder auf jener Straßenseite wohnen, jedoch nichts über den großen grauen Hund. Sie kennt ihn gar nicht.

Auf das Virus bezogen heißt das: Alle Be-Deutungen, die ihm zugeschrieben werden, sind richtig. Sie sagen immer das Richtige über die oder den, von dem sie stammen. Keine von ihnen sagt etwas über das Virus. Wenn ich hier behaupte, es hätte aus sich heraus keine Bedeutung, sage ich damit nichts anderes, also dasselbe. Jede Be-Deutung spricht über die oder über den, der sie vornimmt. Noch genauer: Aus jeder Bedeutung spricht das Kind, entweder von dieser oder von der anderen Straßenseite oder von noch weiter weg. Die einen finden in dem Virus eine Lüge. Die anderen finden in ihm einen Glücksfall, wieder andere finden in ihm endlose Krankheit, körperliche und geistige Behinderung oder ihren Tod, wie vor wenigen Tagen mein

Nachbar. Er war so alt wie ich. Die einen finden in ihm eine übermächtige Bedrohung, die anderen eine durchaus zu bewältigende Herausforderung. Die einen sehen sich zu Umsicht und Klarheit herausgefordert, die anderen zu Panik und Willkür. Die einen verbinden sich miteinander, die anderen schotten sich ab.

Nur das Virus selbst „weiß", was es ist. Im folgenden Kapitel schauen wir noch etwas genauer auf dieses Phänomen.

Der blaue Fisch hat sich einem Schwarm
aus roten Fischen angeschlossen.
Er fühlt sich wohl.
Er weiß nicht, dass er blau ist.

4.

PANDEMIE UND WAHRHEIT

DAS UNFASSBARE

„Nah ist, und schwer zu fassen, der Gott.“, schrieb Friedrich Hölderlin in „Patmos“. Im Moment trifft dies auch auf das neuartige Coronavirus COVID-19 zu, wie auf alle Viren. Und bei näherem Hinsehen auch auf fast alles, was es sonst noch gibt.

„Nah und schwer zu fassen“: Man kann Trägerin oder Träger des Virus sein, es also in sich haben und, ohne es zu ahnen, Menschen in der Nähe mittels Millionen virenhaltiger Tröpfchen in der ausgeatmeten Luft den Tod bringen. Einfach, indem man die elementarste Lebensbewegung überhaupt ausführt: Einatmen und Ausatmen.

Man kann umgekehrt von jemandem, der einem zufällig in der Kaufhalle über den Weg läuft, eben jene virushaltigen Tröpfchen aufschnappen, einatmen, und schon hat man „Corona“. Wenn man das Leben so richtig feiert, wie etwa beim Tanzen, Lachen und Herumtoben, vervielfachen sich die Ansteckungsmöglichkeiten. Wenn man es einatmet, sich in die Augen reibt oder auf die Zunge bekommt, wird das Virus im besten Fall dem eigenen Immunsystem erliegen, bevor es Symptome hervorrufen kann. Für die meisten Betroffenen scheint es ungefähr so abzulaufen. Im schlechtesten Fall wird es einen umbringen, nein, eigentlich bringen einen die eigenen Abwehrreaktionen um, ob es nun übermäßige Entzündungen der Lunge und anderer Organe sind oder verklumpendes Blut, das sich plötzlich so verhält, als wären die Gefäße nicht in Ordnung. Die oft gravierenden Spätfolgen haben als „Long Covid" inzwischen eine eigene Krankheitsbezeichnung bekommen.

„Nah ist, und schwer zu fassen, die Wahrheit." Ich wage es einmal, mich der feinen Gestalt eines Satzes von Hölderlin anzuschmiegen, um das aus meiner Sicht mächtigste Symptom dieser Pandemie sichtbar werden zu lassen: das Verschwinden der Wahrheit. „Wahrheit" in einem zunächst ganz bescheidenen Verständnis, als Information über Tatsachen, oder ganz simpel gesagt: „Es stimmt einfach." Seit dem Bekanntwerden der COVID-19-Pandemie kann man nichts mehr über die COVID-19-Pandemie erfahren, denken oder aussprechen, das nicht sofort vom direkten Gegenteil mit augenscheinlich derselben Evidenz widerlegt würde.

Es spielt keine Rolle, welches Feld man sich dafür anschaut, sei es die wissenschaftliche Fachdiskussion, die politische Entscheidungsfindung, die Statistik, die Wirtschaft, die magische Welt der Verschwörungstheorien, die Medien oder jenen pragmatischen Alltagsverstand, der alles Derartige am Paradigma der „normalen Grippe" abarbeitet: Überall scheint das jeweils Gegebene in einer Art Ungreifbarkeit zu verschwinden, je näher man ihm kommt, und je fester man zugreift. Zugespitzt in der Frage eines Freundes: „Hätte man nicht getestet, hätten wir dann etwas bemerkt?" Die Gegenfrage nickt schon: „Ja, aber die vielen Toten, in England, Italien, Spanien, Frankreich, New York?" Es ist wie Seife im Hirn. Das „Reale" an der Realität wird zur Ansichtssache (in einem bestimmten Sinn war das tatsächlich schon immer so, aber dazu an anderer Stelle vielleicht mehr).

WAHRHEIT UND BEWUSSTSEIN

Was kann „Wahrheit" in Pandemiezeiten denn sein, oder vielleicht auch leisten, wenn sie so nah und doch schwer zu fassen ist wie ein Virus oder Gott selbst? Wie und wo findet man etwas, „das stimmt"?

Wahr ist, was wirkt. Es schafft unmittelbare Realität. An dem, was gerade wirkt, kann jeder und jede ihr Wahres erkennen. Es bestimmt ihre Realität. Wenn wir also etwas über die Wahrheit eines Menschen erfahren wollen, müssen wir anschauen, in welcher Realität er oder sie lebt. Realitäten können sich auf eine oft kaum vorstellbare Weise voneinander unterscheiden. Die „objektive Realität", welche man mir zu DDR-Zeiten im Staatsbürgerkundeunterricht nahebringen wollte, war ein fantastisches und recht kindliches Märchen, mit dem sich die Welt wirksam vereinfachen ließ. Doch schon in ein und demselben Menschenleben geht man durch Realitäten, die sich zum Teil direkt widersprechen.

Ein paar Beispiele:
Für das Ungeborene im Mutterleib gibt es keinerlei Unterscheidungen. Es lebt in Symbiose mit der Mutter, sie sind

einander die Realität. Alles, was sie erlebt, erlebt es ebenfalls. Alles ist gleichermaßen wahr, schafft Realität und wirkt, indem es in das werdende Kind hineinwächst und fortan zu ihm gehört. In diesem Stadium gibt es keinen Unterschied zwischen dem, was ist, und dem, was ich davon halte. Ich kann und will es auch nicht unterscheiden.

Falls die Mutter, also die Umgebung, von der man ohne jegliche Alternativen abhängig ist, sich plötzlich und stark verändert, etwa krank wird, in einen Schock gerät oder in große Angst, nimmt das werdende Kind dies als ernste Bedrohung wahr und reagiert unmittelbar so, dass es am Leben bleiben kann. Es schränkt seine Lebendigkeit ein, reduziert etwa Bewegungen und Stoffwechseltätigkeit. „Ich schränke meine Lebendigkeit ein, um bessere Überlebenschancen zu haben" ist das älteste Überlebensmuster, das es gibt.

Im Mai 2020, in Zeiten der Pandemie, schien sich dieses Muster in einer nahezu weltweiten und zuweilen atemberaubenden Dimension zu ereignen: Bewegung und Austausch, die zentralen Merkmale unserer Lebendigkeit, sind, mit regionalen und nationalen Unterschieden, mehr oder weniger stark eingeschränkt, um das Weiterleben zu sichern, besonders das Weiterleben von Menschen, die man zur Risikogruppe rechnet.

Für ganze Gesellschaften ebenso wie für Kinder im Mutterleib ist dies immer ein riskantes Verfahren: Die Selbsteinschränkung kann wiederum zur Gefahr werden und einen jenes Leben kosten, das man doch eigentlich schützen wollte. Im Frühstadium unseres Bewusstseins jedoch, dem symbiotischen Einheitsbewusstsein, in der frühesten Art und Weise des „In der Welt seins", gibt es keine Alternativen dazu.

Nach der Geburt hängt für das Kind alles daran, von der Mutter wahrgenommen, genährt und gehalten zu werden. Sonst muss es sterben, zumindest in der eigenen Wahrnehmung. In der Realität des Kindes ist Wahrheit zuallererst mit dem verbunden, was ihm das eigene Geschlecht, die Eltern, die Familie, das Land, die soziale Umgebung, eben die Umstände, in denen es aufwächst, vorgeben. Da es auf Leben und Tod abhängig ist von diesen Menschen und Umständen, hat es seine Wahrheit bei ihnen. Denn sie sind es, die in seinem Leben wirken und Realität schaffen. In seiner grundsätzlichen Abhängigkeit braucht es vor allem eine sichere Wahrheit. Unsicherheit nimmt es schnell als Lebensgefahr wahr. Ein Kind strebt sichere, am besten absolute Wahrheiten an, um sich geborgen fühlen zu können.

Menschliche Gruppen leben häufig in diesem kindlichen Bewusstsein. In Zeiten gefühlter Bedrohung – ob die nun Krieg, Erdbeben, Finanzkrise oder Pandemie heißt, spielt dafür keine Rolle – wird „die Gruppe" gefühlt wichtiger für das Überleben als in entspannten Zeiten. Je größer die gefühlte Bedrohung, umso größer das gefühlte Bedürfnis nach Sicherheit, also nach unverrückbarer, nicht zu bezweifelnder, absoluter Wahrheit. „Sagt uns, was wahr ist, und zwar mit Sicherheit, sonst bekommen wir Todesangst, und dann können wir für nichts mehr garantieren." Sie fühlen sich nur sicher, wenn „Mutti" oder „Vati" – innerlich übertragen auf Führungsgestalten wie politische Entscheiderinnen,

Wissenschaftler, Wirtschaftslenkerinnen, Meinungsführer im Internet oder auf der Straße – ihnen die Welt plausibel und Sicherheit vermittelnd erklären und für sie ordnen sollen. Genau so, wie sie sich dies damals als Kind von ihren Eltern gewünscht hätten.

Menschliche Gruppen in diesem Stadium, seien es Stämme, Nationalitäten, Religionsgemeinschaften oder auch politische Gesinnungsgenossen, Fanclubs oder Musikgeschmäcker schaffen sich unbewusst absolute Wahrheiten, auf die sie sich verlassen, denen sie vertrauen und an die sie „glauben" können. Diese Wahrheiten repräsentieren dann die „gute Mutter", den „guten Vater", also innere Gestalten, die der kindlichen Seele die nötige Sicherheit geben können.

Absolute Wahrheiten im Gruppenbewusstsein haben meistens die Gestalt eines Gottes, ausgeformt je nach dem aktuellen Sicherheitsbedürfnis. Sie werden hochgehalten, verteidigt, nach außen getragen – immer angetrieben von dem unbewussten Überlebensbedürfnis des Kindes nach Sicherheit. Wenn nun die Welt sich anders verhält als die jeweilige absolute Wahrheit es gestattet, reagieren Menschen im Gruppenbewusstsein wie Kinder. Im kindlichen Bewusstsein reagiere ich als Erwachsener auf das Virus, wie ich es als bedrohtes und verunsichertes Kind damals getan habe. Ich will, dass es jemand wegmacht, oder mir sagt, dass es nicht so schlimm sei. Das kindliche Gruppenbewusstsein lässt Menschen immer verzweifelter nach jemandem suchen, der die Situation endlich löst, oder sie zumindest so erklärt, dass es nicht mehr so schlimm ist.

Wer in Pandemiezeiten aus einer ganz konkreten Führungsverantwortung heraus das kindliche Sicherheitsbedürfnis einer Gruppe nicht erfüllen kann, weil die Realität gerade eben nicht sicher ist, von dem fühlt sie sich „verarscht". Das ist ein kindliches, genauer gesagt, ein Opfer-Gefühl. Beides ist psychologisch dasselbe. Es verlangt nach einer in sich konsistenten, vorhersehbaren und sicheren Welt. Wenn die nicht kommt, zieht man sich zurück und glaubt schließlich „gar nichts mehr".

Kinder können nicht anders, sie gehen bei inkonsistenten Eltern in die innere Emigration. Im Falle einer Pandemie kann es sich für Erwachsene wie damals anfühlen. Dann wirkt die frühere kindliche Wahrheit, dass man sich auf nichts wirklich verlassen kann. Das Ergebnis ist in der psychologischen Wirkung, also in der inneren Welt, dasselbe: wiederum die innere Emigration.

Die Pandemie zieht wie jede große Krise die Decke weg von allem, was schon länger darauf wartet, ans Licht zu kommen. Das bedeutet: Wie Menschen auf die Pandemie reagieren, hat sehr viel damit zu tun, wie sie als Ungeborene und dann als Kinder mit Bedrohungen umgegangen sind und worauf sie noch immer zurückgreifen, wenn sich die Umgebung heute ähnlich bedrohlich anfühlt. Wir haben erst dann andere Möglichkeiten als die kindlichen, wenn wir begreifen, dass wir keine Kinder mehr sind.

Mir scheint, die Pandemie zwingt viele Menschen dazu, schneller als sonst innerlich erwachsen zu werden, um überhaupt mit ihr zurechtzukommen. Bevor das jedoch eintreten kann, geht es mit der Wahrheit noch etwas weiter weg von der Realität, oder anders gesagt, von dem, was in einer Pandemie der Fall ist.

WAHRHEIT UND DAS VIRTUELLE

Wir alle sind Nachkommen von Pandemie-Überlebenden. Wenn unsere frühen Vorfahren nicht die Zeiten der Pest, der Cholera oder später der Spanischen Grippe überlebt hätten, würde es uns nicht geben. Überlebende überlassen alles, was sie hat überleben lassen, ihren Nachkommen, nicht etwa mit Vorsatz, sondern einfach, weil sie als Überlebende diejenigen sind, die sich weiter fortpflanzen können. Dies ist das Prinzip der Evolution. Es gilt nicht nur für unsere äußere, körperliche Beschaffenheit, sondern auch für ihren inneren Spiegel, unsere Psyche.

Sie vollzieht in jeder gefühlten Bedrohung die gleiche Bewegung wie unser Körper: Unterdrückung der eigenen Lebendigkeit zum Zwecke besserer Überlebenschancen. Bei mir selbst wie bei den meisten Menschen, mit denen ich spreche, scheint dieser psychische Grundvorgang im Moment sehr aktiv zu sein. Er verbraucht viel Energie im Hintergrund, also im Unbewussten. Die allgemeine Verlangsamung, Müdigkeit und teilweise Erschöpfung bringe ich vor allem damit in Verbindung. Für die Psyche bedeutet Wahrheit im Moment: „Ich bin möglicherweise in tödlicher Gefahr."

Vor diesem Hintergrund agiert die Wissenschaft. Seit Monaten wenden international ausgewiesene Fachleute für Viren,

Epidemien und den Schutz vor denselben ihren trainierten Geist, ihre Expertise und gewaltige materielle Ressourcen der Erforschung und Bekämpfung des neuartigen Coronavirus zu. Sie legen Ergebnisse vor, immer neue, was sich aus dem nur schrittweise möglichen Erkenntnisfortschritt ergibt. Manchmal entsprechen sich die Ergebnisse verschiedener Bemühungen, manchmal widersprechen sie sich. Genau deshalb heißt dieser Prozess ja „Forschung" und nicht „Gesetzgebung".

In jedem kindlichen Geist erzeugen widersprüchliche Wahrheiten das Gefühl von Unsicherheit und Bedrohung, als ob die Mutter, von der das Leben abhängt, z.B. etwas Wohlwollendes sagt und dabei das komplette Gegenteil ausstrahlt. Im jugendlichen oder auch pubertären Geist erzeugen Widersprüche dann einen Kampf. Der jugendliche Geist will und muss Unsicherheit und Bedrohung endlich ausmerzen, um des eigenen Überlebens willen. Er muss heraus aus den gewohnten kindlichen Verhältnissen und sich (und damit das innere Kind) in Zukunft möglichst umfassend vor derartigen Bedrohungen schützen, um selbstbestimmt in der selbstgemachten („autonomen") Realität leben zu können. Vorgegebene Realitäten hasst der jugendliche Geist wie der Teufel das Weihwasser.

Der jugendliche Geist strukturiert und begrenzt das moderne Bewusstsein in der westlichen Welt, wie schon im ersten Beitrag dieses Buches gesehen. Wenn man dem jugendlichen Geist mit Daten kommt, die sein Bild der Welt, der Anderen und seiner selbst infrage stellen, geht er in den Überlebensmodus: Er verteidigt sein eigenes inneres Bild der Realität als „die Wahrheit". Und er will „die Realität" seinem inneren Bild unterordnen, unbedingt, jetzt und für valle Zeit. Dazu erforscht er die Welt. Das Verstehenwollen ist die prominenteste Kontrollbewegung, die das moderne Bewusstsein zur Verfügung hat. Gleichzeitig führt es in die totale Sackgasse.

Am deutlichsten sehe ich diesen Vorgang im Internet. Das Internet gibt es erst seit ein paar Jahrzehnten. Es ist entwicklungsgeschichtlich sozusagen brandneu. Es wirkt auf mich wie die gedankliche Innenwelt eines Wesens mit millionenfach-multipler Persönlichkeit: Alles passiert gleichzeitig. Alles ist gleich wichtig. Jedoch hören wir immer zunächst die Stimmen, welche eine gefühlte Bedrohung signalisieren, da sich unsere Aufmerksamkeit unbewusst zu jeder Zeit auf die für das Überleben wichtigsten Nachrichten ausrichtet. Auf diesem Prinzip beruht die Welt der Unterhaltung, der Medien und natürlich der Werbung. Nun, im Internet ist alles virtuell, also nicht „wirklich" im Sinne physischer Realität. Das Internet transportiert nichts anderes als digitalisierte Abbilder unzähliger physischer Realitäten, und zwar immer alle gleichzeitig. Es entspricht darin unserem modernen Bewusstsein, dem Bewusstsein vom „Ich".

Das Ich-Bewusstsein lebt in seinen Abbildern von der Welt. Seine eigene Vorstellung von der Welt hält es für wirklicher als die Welt selber. Das innere Bild von der Welt, den Anderen und dem eigenen Leben hat in derselben lebensentscheidenden Weise „die Wahrheit", wie es das Verhalten der Eltern für das Kind hatte oder der Mutterleib für das Ungeborene. Das bedeutet in der Konsequenz: Für das Ich-

Bewusstsein gibt es keine Wahrheit außerhalb seines Horizontes, obwohl und gerade, weil es mithilfe der Wissenschaft immerfort danach sucht.

Zurück zu unserem Beispiel von Wissenschaft in Zeiten der Pandemie. Es zeigt sich: Unabhängig davon, was die forschenden Einzelpersonen, Teams oder Unternehmen konkret herausfinden und umsetzen, werden sie keine allgemeine Wahrheit über „das Virus" herstellen können. Diese Wahrheit hätte den Status von etwas Vorgegebenem, also von etwas, das unabhängig von der eigenen Wahrnehmung, Befindlichkeit und Weltsicht wirkt, das also Realität herstellt. Solch ein Vorgegebenes an sich ist aber der Todfeind des modernen Bewusstseins, denn es macht die Herrschaft des eigenen Weltbildes so obsolet wie eine Betonwand, vor die man immer wieder läuft.

Das Vorgegebene ist stärker, wirkmächtiger und damit „wahrer" als die eigene Vorstellung von den Dingen, und das darf nicht sein, denn es schafft eine gefühlt lebensgefährliche Bedrohung.

Das Ich-Bewusstsein und die unmittelbare Wahrheit des Gegebenen schließen sich aus. Mit seinem unstillbaren Drang, die Welt zu erklären, versucht es, die Realitäten des Daseins in innere Bilder, etwa in konsistente Erklärungen a là Naturgesetzen zu verwandeln, weil es sich damit sicherer fühlt als im unmittelbar nackten Kontakt zu dem, was ist. Je mehr sich das Ich-Bewusstsein in der Welt etabliert, umso weniger werden wir uns untereinander über gemeinsam anerkannte Gegebenheiten und über ihre Wahrheit verständigen können. Mein Freund und Kollege Coen Aalders (Utrecht, NL) stellt dies in seinen bemerkenswerten Artikeln über das Zeitalter der Fake-News dar.

Nach meinem Eindruck gibt es im Moment keinen direkten Ausweg aus dieser Situation. Es gibt nur verschiedene Formen, damit umzugehen, etwa: das politische Handeln, welches einer bestimmten wissenschaftlichen Wahrnehmung folgt und Kontakteinschränkungen verordnet. Dann den Protest gegen diese Maßnahmen. Dann die Verlagerung der eigenen Unsicherheit nach außen in Form der Beschuldigung, Herabsetzung oder auch Dämonisierung anderer Menschen, Gruppen oder auch gleich ganzer Staaten.

Der Schlachtruf dieser Verlagerung heißt „Meinungsfreiheit". Er wird häufig mit derselben erbitterten Unbedingtheit eingesetzt wie das Schwert oder die Maschinenpistole in der Endphase kriegerischer Auseinandersetzungen. Ich sehe dabei, wie das jugendliche Ich-Bewusstsein eine subjektiv echte Lebensgefahr erlebt, und zwar nicht durch das Vorhandensein eines Virus und einer daraus folgenden Pandemie, sondern durch die Unausweichlichkeit dieser Erscheinungen.

Das prominenteste Opfer einer Pandemie in Zeiten des modernen Bewusstseins ist die Wahrheit, nicht etwa, weil niemand sie hören will, sondern weil alle danach suchen. Je mehr sie verfolgt wird, umso ungreifbarer wird sie. Je unerbittlicher sie verteidigt wird, umso unausweichlicher verschwindet sie. Einen klareren Spiegel dessen, wie das moderne Bewusstsein funktioniert, habe ich noch nie gesehen.

„Es gibt keinen Ausweg, außer dem, den du mit deinen Augen nicht sehen kannst," hat Bob Dylan einmal gesagt („There's no exit in any direction except the one you can't see with your eyes"). Wenn wir etwas Wahrem begegnen wollen, also etwas, das unmittelbar wirkt und „einfach stimmt", dann müssen wir uns dem, wie das moderne Bewusstsein in dieser Pandemie agiert, voll aussetzen, ohne uns zu wehren. Wir stoßen dabei auf die einzige Wahrheit, die wirkt: unsere eigene. Nur meine eigene Wahrheit stellt meine Realität für mich her. Andere Wahrheiten tun dies für andere, nicht unbedingt jedoch für mich. Eine gemeinsame Wahrheit beschränkt sich darauf, zu wissen, dass wir offensichtlich da sind. Mehr lässt sich nicht sagen. Mehr ist jedoch auch nicht nötig, um leben zu können, auch nicht in Zeiten der Pandemie.

WAS WIRKT

Ich sehe, wie die sich aus der Pandemie entwickelnde Krise nahezu alle Menschen in der bekannten Welt ohne das geringste Erbarmen ins Mark der gewohnten Lebensweise trifft. In bisher unbekannter Weise zwingt sie uns alle durch die verschiedenen staatlichen Schutzreaktionen zu Verhaltensweisen, die wir sonst vielleicht vermeiden würden: zu unseren Liebsten Abstand zu halten, auch wenn diese krank sind oder im Sterben liegen, als Kind bei herrlichstem Wetter wochenlang im Zimmer hocken zu bleiben, als Familie sich gegenseitig ohne Ablenkungsmöglichkeiten auf der Pelle zu hocken, als Unternehmer das eigene Geschäft und damit die wirtschaftliche Existenzgrundlage den Bach herunter gehen zu lassen, als Angestellte in Kurzarbeit oder Arbeitslosigkeit zu gehen oder sich in „systemrelevanten Berufen" kaputt zu arbeiten, als Bürger auf ehemals hart erkämpfte Freiheitsrechte zu verzichten, alle miteinander mithilfe der verschiedensten Masken wie bekloppte Bankräuber auszusehen, im direkten medizinischen Kontakt mit COVID-19-Erkrankten über alle eigenen Grenzen zu gehen, als politisch Verantwortliche die Grundstrukturen unserer äußeren Welt in atemberaubender Geschwindigkeit und Radikalität lahmzulegen, als davon unmittelbar Betroffene die eigene Community in Gestalt des Staates wild zu bekämpfen oder eben diesem Staat über alles zu vertrauen.

Im Grunde liefert die Pandemie jede und jeden sich selber aus. Das ist oft sehr ungewohnt und manchmal kaum zu ertragen.

Ich sehe, wie die Pandemie uns alle an einen bestimmten Platz stellt und andere, uns bisher vielleicht zugängliche Plätze versperrt. Wie eine Wand, die unvermittelt da steht, wo man bisher entlang gehen konnte. In dem gleichnamigen Film „Die Wand" gibt es plötzlich mitten in der Landschaft eine unsichtbare und unüberwindliche Barriere. Sie verändert alles unwiderruflich. Jeder Platz, an den uns die Pandemie, genauer, die damit verbundene Krise, stellt, hat seine eigene Wahrheit. Sie ist eben das, was dieser Platz bewirkt. Mein Platz zum Beispiel hat seine Wahrheit in der relativen Tatenlosigkeit. Meine gewohnte Arbeit, die ausbildende und beratende Tätigkeit mit unterschiedlich großen Gruppen von Menschen, wurde mir über viele Monate hin verwehrt. Ich bekam Angst, hatte schlaflose Nächte, ging buchstäblich die Wände hoch. Es fühlte sich an wie eine unbestimmte und doch akute Lebensgefahr, bis es irgendwann still wurde. Genauer: bis ich irgendwann in mir selbst die Stille zuließ. Dann, erst dann, begann die erzwungene Untätigkeit ihre Ressourcen zu öffnen und zu wirken. Sie wirkt, und das heißt, sie wird wahr, im Sinne von: Jetzt stimmt es für mich. Ich bin auf eine neue Weise frei und lebendig, obwohl oder gerade, weil ich nicht das tun kann, was ich sonst tue. Dieser Vorgang wiederholt sich mit graduellen Unterschieden, aber die Lähmung und die darin lauernde Panik sind verflogen.

Jemand hat einmal gesagt: „Die Wahrheit wird euch freimachen." Jesus von Nazareth war das, ein Mensch der Antike. Ich glaube, er wusste, wovon er sprach. Als ein Mensch von heute glaube ich zu erkennen: Die einzige Wahrheit, die ein Mensch zur Verfügung hat, ist die seines eigenen Bewusstseins. Immer wenn du dich ihr ergibst, wirst du frei. Dein „Platz", den dir die Krise zuweist, ist in Wirklichkeit dein momentanes Bewusstsein, das „Wie" deines inneren Lebens. Es bestimmt, was du erlebst, was du fühlst, was du tun kannst und was nicht.

Ich sehe, dass auch die Wahrheit einer Pandemie oder weltweiten Krise nichts Statisches oder Absolutes hat. Sie bewegt und verändert sich von Moment zu Moment. Das kann einen wahnsinnig machen, solange man dies so wenig von sich trennen kann wie etwa in der vorgeburtlichen Symbiose, solange man jede Veränderung dieser Wahrheit unmittelbar auf sich selbst bezieht, wie Kinder es tun, und solange man jeder Bewegung der Wahrheit kritisch forschend und ergründend gegenüber steht, mit dem eigenen Weltbild als Maßstab, wie es die Jugend tut.

Erwachsene leben anders. Auch für sie verändert die Wahrheit sich ständig. Sie haben erfahren, dass die einzige Sicherheit, die es in dieser Welt gibt, die unfassbare Stille in ihrem eigenen Inneren ist, und zwar von Moment zu Moment. Der Maßstab für „ich bin bedroht" oder „ich bin gerade sicher" liegt für Erwachsene nicht mehr so sehr in äußeren Ereignissen und ihrer Bewertung durch mein Weltbild. Er liegt mehr innen, dort, wo es keine Werte, keine Maßstäbe und keine Konzepte gibt, nur Stille. Dort pulsiert das Leben, das uns gegeben ist, völlig unabhängig von dem, was draußen passiert.

Erwachsene lernen, die kostbare Energie ihrer Aufmerksamkeit immer wieder von dem Äußeren, Bedrohlichen, Belastenden und Nervigen nach innen zu lenken, wo es still ist und wo alles so sein darf, wie es erscheint. Wo man seine Energie hinlenkt, das gewinnt an Kraft. Man kann den eigenen Panikmodus mit Energie füttern oder aber die innere Stille. Wir haben diese Wahl, sie gelingt nicht immer, aber immer wieder. Mit der Aufmerksamkeit auf der Stille wird diese wirksam, wird also zu meiner Wahrheit. Sie wird sichtbar in dem, wie ich handle, fühle und denke.

Die Pandemie tötet jede Wahrheit, sofern man sie im Außen sucht. Sie gewinnt dabei immer, solange man Tatsachen, Meinungen und Strategien im Kampf um die Wahrheit gegeneinander antreten lässt. „Tatsachen, Meinungen und Strategien" vertreten immer nur innere Bilder und unbewusste Rettungsmuster. Die Pandemie bringt Wahrheit ins Leben, sofern man sich selbst erlaubt, mit dem zu sein, wo die Krise einen gerade hinstellt, innerlich wie äußerlich.

Man wird dabei erleben, wie der innere Jugendliche auf die Barrikaden geht und „Verrat" schreit. Man wird erleben, wie das innere Kind sich verstört in eine dunkle Ecke verdrückt, weil „alles auf einmal so komisch ist." Man wird vielleicht auch erleben, wie das Ungeborene, das man einmal war, den Eindruck gewinnt, sein kurzes Leben gehe nun zu Ende, und sich innerlich schon darauf einstellt. All dies ist völlig okay, es ist sogar unumgänglich. Das einzig Wahre daran ist die eigene, lebendige Aufmerksamkeit, die all dies wahrnimmt und geschehen lässt. Sie allein macht uns handlungsfähig, so wie es der Moment gerade verlangt. Sie ist das, was wirkt.

Der blaue Fisch sieht übrigens nur dann einen Hai, wenn tatsächlich einer da ist. Sonst nicht.

5.

TRAUMA, ILLUSION UND SPIRITUALITÄT

Zu Beginn benenne ich eine Unterscheidung: Trauma ist nicht das Ereignis selbst, etwa der Unfall, der psychische oder körperliche Übergriff, die Gewalttat, der Krieg oder die Naturkatatrophe. Trauma ist ein komplexer innerer Überlebensmechanismus, mit dessen Hilfe wir in der Lage waren, ein solches Ereignis zu überstehen und danach weiterzuleben. Das Ereignis selbst gehört nicht zu unserer Gegenwart, sondern zur Vergangenheit. Vergangenheit hat die Eigenschaft, vorbei zu sein und nicht wiederzukehren. Trauma ist hingegen eine körperlich-seelische Tätigkeit, mit der wir eine als vernichtend erlebte Vergangenheit innerlich am Leben halten, um uns künftig vor ähnlichen Bedrohungen zu schützen. Trauma projiziert „Vergangenheit" und „Zukunft" als innere Bilder in unsere Gegenwart hinein, um besser vorbereitet zu sein. Es speist sich aus unserem Überlebenstrieb.

Möglicherweise stehen wir im Trauma dem zentralen Phänomen gegenüber, das uns über Millionen von Jahren hinweg an Seele und Leib zu Menschen werden ließ. Wenn es einen Motor gibt, der unsere Psyche antreibt, der sie also dazu anhält, immerfort Bilder zu produzieren, diese mit

Körperempfindungen, Emotionen und Gedanken zu verbinden und die momentane Gegenwart nach Entsprechungen abzusuchen, dann ist es Trauma. Wo Trauma ist, sind auch Ressourcen. „Wo Gefahr ist, wächst das Rettende auch", hat Friedrich Hölderlin in der Hymne „Patmos" 1803 geschrieben.

„Das Rettende", also die Ressourcen, sind uns bei einem Trauma tatsächlich zugewachsen, denn wir selbst leben ja noch. Um sie erschließen zu können, müssen wir begreifen, dass wir überlebt haben und dass die Gefahr von damals vorüber ist. Unsere Narben bezeugen dies. Das Begreifen betrifft den ganzen Körper, also das Somatische, das Emotionale und das Gedankliche. Die Seele hingegen muss nichts begreifen. Sie weiß schon immer, dass wir überlebt haben.

TRAUMA, KÖRPERLICH UND SEELISCH

Was ist Trauma nun wirklich? (Es ist nicht „wirklich", dazu weiter unten mehr). Trauma ist eine spezifisch menschliche Aktivität. Es hält mithilfe einer inneren Bilderlandschaft eine Bedrohung aufrecht, die man subjektiv als überwältigend und handlungsunfähig machend erlebt hatte. Heutige Situationen, die sich so ähnlich anfühlen, lösen den in der damaligen Bedrohung erfolgreichen Überlebensmechanismus von neuem aus. Sie „triggern" uns.

Unser Körper hält das Bild der Bedrohung lebendig, um seine Überlebenschancen zu verbessern, und zwar mittels all seiner Fähigkeiten. Dazu gehören die Erinnerung unseres Fleisches, unserer Organe, Gliedmaßen und Zellen, wie Peter A. Levine (2012) sie in unserer Grundausstattung als Säugetier gefunden hat. Des Weiteren gehören dazu die emotionale Erinnerung, also das emotionale Bild (Emotionen sind eine Körperfunktion) und die rationale Abstraktion, also das gedankliche Bild (auch das Denken ist eine Körperfunktion). Alle drei Bereiche sind in permanenter Resonanz miteinander verbunden. Trauma ist etwas Körperliches. Es betrifft den Körper, findet im Körper statt und basiert auf den Fähigkeiten unseres Körpers.

Die Ausdrucksmittel von Trauma, also seine Symptome, betreffen, durchdringen und gestalten in ihrer Vielfalt das ganze menschliche Leben, von der Art, mit uns selbst umzugehen, über unsere Beziehungen bis hin zu den großen kollektiven Phänomenen wie wirtschaftlichen, politischen und kulturellen Entwicklungen. Krieg und Frieden erscheinen in dieser Perspektive als kollektive Symptome von Trauma und Trauma-Entspannung.

Wenn ein subjektiv als vernichtend eingestuftes Erleben unseren Körper überrollt, etwa weil es zu schnell, zu massiv oder zu schmerzhaft ist, dann schaltet er ein Notfallprogramm ein. Dieses Programm ist im „Reptilienhirn" (Levine, 2012) gespeichert, dem entwicklungsgeschichtlich frühesten und rohesten Teil unseres zentralen Nervensystems (ZNS), es ist schneller als unser Denken und Fühlen, es ist konsequent und nicht bewusst steuerbar. Im Moment der Überwältigung, wenn also subjektiv weder Kampf noch Flucht möglich sind und man sich als ausgeliefert und handlungsunfähig erlebt, nutzt der Körper genau diese

Ohnmacht und die mit ihr verbundene Panik für sein ältestes Überlebensprogramm: die Bewusstlosigkeit bzw. Erstarrung. Dabei nimmt er alles, was mit der überwältigenden Situation zusammenhängt und ihm unerträglich erscheint, und lässt es in sich hinein kollabieren. Was und wie viel er dabei mitnimmt, hängt von der erlebten Energie des Ereignisses und von der eigenen subjektiven Abhängigkeitslage, dem eigenen Bewusstsein, ab.

Oft fallen das körperliche Spüren, Fühlen und Denken sozusagen mit in den Kollaps hinein: die unmittelbaren Sinneswahrnehmungen, die mit dem Ereignis verbundenen Emotionen (das Fühlen als „Mitschwingen über eine Entfernung") sowie das Denken als rational-abstrakte Weiterentwicklung des Fühlens (das „Mitschwingen im rationalen Modell"). Dies betrifft auch jene Vergangenheitskonstruktion, die wir Erinnerung nennen. Manche Ereignisse wirken so vollständig aus unserem Gedächtnis gelöscht, als hätten sie nie stattgefunden. Sie verschwinden jedoch nicht. Dem unbewussten Körpergedächtnis geht nichts verloren. Das Trauma schützt unsere bewusste Wahrnehmung vor ihnen, damit wir weiterleben können.

Trauma findet jedoch nicht nur in und mittels unseres Körpers statt. Es hat eine spiegelverkehrte Entsprechung in unserer Seele. Interessanterweise bringt mich gerade die Aufstellungsarbeit mit menschlichen Körpern dazu, das Seelische und das Körperliche als Spiegel füreinander zu sehen, ohne beide voneinander zu trennen. „Seele" ist die „Innenseite des Lebens", eine Art seitenverkehrter Spiegel all dessen, mit und in dem wir sind. Wolfgang Giegerich denkt „Seele“ in einem streng psychologischen Sinne als eine Art logisches Negativ unserer wahrnehmbaren Existenz. Sie „ist“ all das von uns, was nicht da ist, sodass wir es nicht unmittelbar wahrnehmen, nicht genau wissen und sprachlich nicht direkt fassen können. Sie enthält und spiegelt unser individuelles und kollektives Leben. Ohne diese Fähigkeit, ohne das daraus entstehende Bewusstsein von „ich bin“ gibt es kein Trauma.

Wild lebende Tiere entledigen sich der in ohnmächtiger Erstarrung gebundenen Überlebensenergie, indem sie einige Zeit danach zu zittern beginnen, umherspringen usw.. Tiere können fühlen. Sie haben Emotionen wie Angst und Lust, Freude und Wut. Tiere können sich erinnern, viele Arten sogar planvoll handeln.

Es ist ungewiss, inwiefern sie ein Selbst-Bewusstsein im Sinne der Wahrnehmung eines „ich bin“ haben, also einen bewusst wahrgenommenen inneren Spiegel. Erst ein solches Selbst-Bewusstsein wäre in der Lage, die überstandene Bedrohung in inneren Bildern festzuhalten, diese inneren Bilder der nunmehr sicheren Realität vorzuziehen und auf diese Weise „Trauma“ zu erzeugen. Wildtiere tun offenbar genau das Gegenteil: Ist die unmittelbare Bedrohung vorüber, entspannt sich ihr Körper von selbst. Danach leben sie weiter wie bisher. Peter A. Levine hat diese Vorgänge in seinen Büchern eindrucksvoll beschrieben.

Für „Trauma“ hingegen braucht man Bewusstsein in der eben beschriebenen Weise. Menschen haben ein solches Bewusstsein. Eigentlich sind wir Bewusstsein, das begonnen hat, zu sich selbst zu kommen. Trauma ist beides gleichzeitig: ein Erzeugnis des menschlichen Bewusstseins und der Motor seiner Bewegung zu sich selbst. Es repräsentiert darin den evolutionären Überlebensvorteil des Menschseins.

In seinen ersten, von der Umgebung abhängigen Stufen, kann unser Bewusstsein nicht sehen, dass wir die Bedrohung überstanden haben. Es hält sie daher vorsorglich im Körper fest, und damit auch in der Psyche und im Denken. Die Seele hingegen weiß es wohl. Wenn uns ein subjektiv als vernichtend eingestuftes Erleben überrollt, weil es zu schnell, zu groß oder zu schmerzhaft ist, konfrontiert sich die Seele mit dem, woraus sie sich über Millionen Jahre des gemeinschaftlichen Jagens und kultischen Tötens erschaffen oder erbaut hat: mit dem Töten, mit der dabei entstehenden Distanz zu sich selbst, mit dem erschauernden Bewusstsein von tödlicher Gefahr, mit dem dabei entstehenden Sinn für ein „ich bin". Wolfgang Giegerichs diesbezügliche Ausführungen in seinem Aufsatz „Gewalt aus der Seele" von 1992 mögen zunächst fremd klingen. Sie helfen mir jedoch, Trauma tiefer zu begreifen.

Anders als unser Körper wendet die Seele den Blick nicht ab von dem, was im Moment zu viel ist. Sie vergisst kein Detail des überwältigenden Ereignisses. Daher scheint die Seele (im Unterschied zum Körper) nach der überstandenen Bedrohung zu wissen, dass wir noch da sind, nunmehr sicher und geborgen. Die Seele kennt keine Zeit. Für sie ist alles, was da war, immer da. Die Seele will offenbar, dass das Ereignis, welches das Trauma ausgelöst hat, so dazugehören darf, wie es tatsächlich war. Sie will in diesem Sinne vollständig und ganz werden. Die Seele scheint unerbittlich darauf zu drängen, dass man hinsieht, hinfühlt, hinspürt, damit sie ganz werden und diese Erfahrung samt dem Überlebthaben enthalten darf.

Im Sinne eines solchen Ganzwerdens drängt Seele nach meinem Eindruck auf Heilung, und zwar umso heftiger, je länger das belastende Ereignis her ist. Sie nutzt dabei die Fähigkeit unserer Körper zur Symptombildung in somatischen und psychischen Erscheinungsformen. Die Mitglieder nachfolgender Generationen nimmt sie davon nicht aus. Auch in ihren Symptombildungen verfolgt sie den Drang nach Ganzheit. Die Seele führt uns immer wieder in Situationen, die dem damaligen Ereignis ähneln, bis wir begreifen, dass die Bedrohung vorbei ist. Unsere Symptome sind Zeichen beginnender Heilung. Ob sie gelingt, ist immer offen.

TRAUMA UND ILLUSION

Hier komme ich zum zweiten vorgegebenen Stichwort meines Nachspürens, der Illusion. Vorab: Traumasymptome sind keinesfalls illusionär im Sinne von Einbildung. Sie können Menschen und ihrer Umgebung ganz real das Leben zur Hölle machen. Zugleich jedoch sind Traumasymptome die Zeugen einer fundamentalen Illusion. Sie drängen daher mit Macht darauf, endlich der Wirklichkeit Platz machen zu dürfen. Wie kann das sein? Um das zu verstehen, setzen wir uns für einen Moment dem Phänomen „Illusion" aus. Die Illusion gestattet mir, mich mit etwas zu befassen, das mit meiner tatsächlichen Gegenwart oft nicht das Geringste zu tun hat. Wenn mir die

Wirklichkeit gerade nicht gefällt, lasse ich meinen Geist umherschweifen, etwa im überfüllten Bus, in einer langweiligen Vorlesung oder bei einer öden Arbeit. Meine wirkliche Gegenwart besteht vielleicht darin, dass ich sitze.

Meine illusorische Gegenwart führt mich etwa an einen schönen Strand, in mein warmes Bett oder zu einer geliebten Person. Illusion heißt, ich produziere innere Bilder und fokussiere mich auf diese, ohne es zu bemerken. Man kann da etwas nachhelfen, etwa mit Fernsehen, Internet oder Drogen. Meistens genügt bloßes Denken. Menschen bewegen sich in Illusionen, ja sie leben in ihnen, indem sie sie auf sich selbst, auf die anderen und auf die Welt projizieren – ohne diesen Vorgang wahrzunehmen.

Es gibt keine Illusion ohne Bilder, ohne innere Abbildungen von Sinneseindrücken, Körperempfindungen, Emotionen oder Gedanken: Unsere Psyche imaginiert ohne Unterlass, das heißt sie produziert unablässig Illusionen. Dazu ist sie da. Ihre Imagos, ihre Bilder, sind wiederum verbunden mit dem, was wir denken, wie wir fühlen und was unser Körper spürt. Der Unterschied zwischen Illusion und Realität ist derselbe wie der zwischen Ereignis und nachfolgendem Trauma. Das Ereignis hört in der Realität sofort auf, wenn es vorbei ist. Es wird eben Vergangenheit. Damit entzieht es sich der unmittelbaren Wahrnehmung, und zwar für immer. Das innere Bild des Ereignisses, hergestellt aus den mit ihm verbundenen Körperwahrnehmungen, Gefühlen und Gedanken, vergeht jedoch nicht. Es hat umso mehr Bestandskraft, je mehr Energie ein Ereignis subjektiv für uns hatte, je überwältigender es für uns war.

Der Mystiker Meister Eckart wird gern mit dem Satz zitiert: „Wenn die Seele etwas erleben will, wirft sie ein Bild vor sich hin und marschiert dann in das Bild hinein". Damit ist die Herstellung unserer Trauma-Symptome exakt beschrieben. Im Blick auf Trauma würde dieser Satz heißen: „Wenn die Seele heil werden will, wirft sie ein Bild der Bedrohung vor sich hin und marschiert dann in dieses Bild hinein."

Hier können wir sehen: Trauma besteht im Grunde aus einer einzigen Illusion. Es ist die Illusion, dass die vernichtende Bedrohung nach wie vor besteht. Die Tatsache, dass die Gefahr vorüber ist, dass ich überlebt habe und nun sicher bin, hat für das Trauma keine Realität. Sie wirkt im Gegenteil aus der Sicht des Traumas wie eine absurd illusionäre und vor allem lebensgefährliche Behauptung. Die Grund-Illusion „Trauma" erzeugt ihrerseits einige typische, sich zum Teil widersprechende Illusionen:

- die Illusion, dass man noch immer ohnmächtig und also ein handlungsunfähiges Opfer sei und daher nicht selbstverantwortlich,

- die Illusion, dass man weiterhin für sein Überleben kämpfen müsse, sich nicht entspannen dürfe und daher dem Leben etwas schulde,

- die Illusion, dass man das Trauma vergessen oder beherrschen könne, indem man möglichst gut funktioniere, also möglichst umfassende Kontrolle über sein Leben gewinne,

- die Illusion, dass es daher besser, im Sinne von sicherer sei, den Schmerz nicht zu fühlen, noch sicherer, überhaupt nicht zu fühlen, denn man könne ja genauso gut auch denken,

. die Illusion, dass Trauma etwas sei, ohne dessen umfassende Aufarbeitung und Behandlung das Leben nun unausweichlich misslingen müsse.

Treffend zusammenfassen lassen sich all diese Folge-Illusionen mit dem Begriff der „Neurose", wie Wolfgang Giegerich ihn neu eingeführt hat. Neurose in diesem Sinne ist eine innere Bilderlandschaft, der man unbewusst mehr vertraut als der gegenwärtigen Wirklichkeit. Wenn man sich mit diesen inneren Bildern identifiziert, reagiert man nur noch auf sie, nicht jedoch auf das, was wirklich ist. Der Preis ist immer der gleiche: eingeschränkte Lebendigkeit.

Eine aus meiner Sicht sinnvolle Traumatherapie strebt daher nach einem möglichst umfassenden Realitätsgewinn für Körper, Gefühl und Denken, und zwar gleichermaßen für Klienten wie Therapeuten. Die Realität, die es zu gewinnen gilt, heißt: Ich bin nicht mehr bedroht.

Dazu sind ein paar Dinge nötig:

1. Das Erleben eigener Handlungsfähigkeit im Sinne von: Ich bestimme zu jedem Zeitpunkt meine Distanz zum Geschehen. Die wunderbare, in der Aufstellungsarbeit qua Methode bereits angelegte Möglichkeit zur Distanzregulierung hilft da sehr, wenn sie entsprechend genutzt wird. Ebenfalls hilfreich im Sinne der Distanzregulierung

sind Möglichkeiten des kreativen Ausdrucks von allem, was mit dem überwältigenden Ereignis von damals zusammenhängt: Tanz, Malerei und Musik bis hin zum wiederholten Erzählen vor Zeugen, die dafür offen sind.

2. Eine Begleitung, die den körperlich-emotionalen Kontakt zum gegenwärtigen Moment hält, bezeugt und fördert im Sinne von: Ich bin jetzt sicher. Nur im stabilen Kontakt zur relativ sicheren Gegenwart lässt sich das Echo der damaligen Bedrohung überhaupt als etwas Damaliges, heute also Überstandenes wahrnehmen. Im stabilen Kontakt zum eigenen, im Moment unbedrohten Körper kann eine Situation, die der damaligen vielleicht ähnelt, erscheinen und gefühlt werden, ohne dass sie sofort als Trigger wirkt, uns wieder unmittelbar in das Erleben der damaligen Bedrohung hineinstößt und damit retraumatisiert. Sofern dieser Kontakt instabil wird, muss die Begleitung sofort reagieren, etwa durch eine Erhöhung der Distanz (räumliche Entfernung, Titrierung, Verlangsamung, Ausblenden von Details usw.), durch körperbezogene Interventionen oder durch Unterbrechung der Arbeit.

3. Konkrete und elementare Hilfen für den Alltag im Sinne von: „Was tue ich, wenn ..." Für betroffene Menschen geht es darum, im Sinne der Selbstmächtigkeit nach ihrem eigenen Rhythmus einen stabileren Kontakt zu ihrer tatsächlichen Gegenwart zu etablieren. Das betrifft etwa das Gefühl für ihren Körper und für ihre Grenzen, ihre emotionale Bandbreite, das Abklingen ihrer Trigger-Empfindsamkeit usw.

4. Ein Blick für die Ressourcen und Fähigkeiten im Sinne von: Das Trauma hat alles in sich, was es zu seiner Transformierung braucht. Ressourcen, die vom Trauma selbst genutzt und gleichzeitig entwickelt wurden, können jetzt, im Zuge seiner Entspannung immer deutlicher zur Verfügung stehen. Dazu gehören Begabungen, körperliche Prägungen, der innere Ruf, die innere Logik der eigenen Berufsbiographie und anderes mehr.

Außerdem können wir uns auf ein paar Dinge einstellen, die ein Trauma versuchen wird, wenn wir ihm in der Aufstellungsarbeit begegnen:

1. Im Kern des Traumas lebt eingefrorene Überlebensenergie. Sie hat keinerlei Halbwertzeit, solange sie nicht wirklich gesehen wurde. Sie enthält noch immer jene dem Grunde nach tötungsbereite Aggression, die sich damals aufgrund des überwältigenden Ausgeliefertseins nicht in Kampf oder Flucht entladen konnte, sondern nach innen kollabierte. Kampf und Flucht enthalten die gleiche Energie, jedoch unterschiedlich ausgerichtet: Im Kampf richtet sich ihr Impuls gegen die Bedrohung, bei der Flucht fort von ihr. Im Kollaps richtet sich der Impuls der Überlebensenergie nach innen.

2. Die „eingefrorene“ Aggression strebt nach Entladung. Die Gewalt ihres Impulses unterdrückt das Fühlen der Gegenwart heute noch immer genau so effektiv, wie sie damals das Fühlen der vernichtenden Erfahrung beim Erstarren unterdrückt hatte. Für die Entladung findet sie heute das Gegenüber, das gerade da ist. Oft bekommt

man daher als Begleiter von traumatisierten Menschen eine mörderische Wut zu spüren. Sie erinnert mich an den „Geist aus der Flasche" in verschiedenen Märchen, der seinen Befreier zunächst umbringen will. Diese Wut ist wichtig, sie ist ein Wegweiser zur Lebendigkeit eines Menschen.

3. Trauma hat die Tendenz, sich selbst zu erhalten, da es ja unser Überleben sichern will. Dazu nutzt es die weiter oben angesprochene Möglichkeit der Retraumatisierung. Retraumatisierung ist eine Aktivität des Traumas selbst. Es schafft sich dabei einen *Circulus Vitiosus,* einen Teufelskreis aus Illusionen, aus dem es allein nicht herausfindet. Die Gestalt des Teufelskreises, also der symptomatische Formenkreis eines Traumas, hängt davon ab, in welcher Bewusstseinsstufe das lebensbedrohliche Ereignis erlebt wurde, das heißt, welche Bewusstseinsstufe das Trauma erzeugt und am Leben hält. Dabei spielt der Zeitpunkt in der menschlichen Biographie eine Rolle, aber nicht nur.

4. Ein Trauma sucht die Resonanz mit vergleichbaren Teufelskreisen, also mit Menschen, denen ähnliche oder spiegelverkehrt ähnliche innere Bilderlandschaften beim Überleben geholfen haben. Diese Resonanz der Traumata konstituiert unsere wesentlichen Beziehungen, natürlich auch die Arbeitsbeziehung zwischen Klienten und Aufstellern. Sie sorgt dafür, dass man immer die Klienten bekommt, die zu einem passen, und einen gleichzeitig herausfordern. Als Aufsteller und Aufstellerin sollte ich daher spüren, wann meine eigenen Traumata sich regen.

Meine Wegweiser sind dabei die sogenannten „Widerstände“, sowohl bei mir selbst als auch bei Klienten. Sie bewahren uns vor der Verwechslung von damals und heute.

Professionelle Beratung, Therapie, Aufstellungsarbeit und Seelsorge können durchaus dabei helfen, den Teufelskreis des Traumas zu unterbrechen, wenn sie sich seinen Symptomen offenen Herzens aussetzt, die in ihnen gespeicherten Überlebensmechanismen aus der zeitlich sicheren Entfernung zum damaligen Ereignis anschaut und die dabei entstandenen Ressourcen und Fähigkeiten würdigt. Dies erweitert den Kontakt zur eigenen Lebendigkeit, indem es dem folgt, was die Seele offenbar will: alles enthalten und so sein lassen, wie es war. Der Kontakt zur eigenen Lebendigkeit ist für mich der zentrale Fokus beim Aufstellen. Dabei kommt das Phänomen der Spiritualität in den Blick. Spiritualität im weitesten Sinne entsteht, wenn man der eigenen Lebendigkeit begegnet.

TRAUMA UND SPIRITUALITÄT

Wir haben bisher gesehen, wie Trauma körperlich funktioniert, welche konstituierende Rolle die Illusion dabei spielt und wie die Seele selbst uns mittels unseres Bewusstseins („ich bin“) traumatisiert. Das Trauma kommt aus der menschlichen Seele, und von der Seele her kann es auch heilen. Schauen wir daher auf das Phänomen „Spiritualität“ als allgemeine Chiffre für den Zugang zum Seelischen, zur Innenseite unserer Lebendigkeit.

Spiritualität ist zunächst etwas ganz Privates im Sinne von: „Dieses Lebendige ist meines, es betrifft nur mich selbst und geht nur mich etwas an." Insofern wird Spiritualität als etwas zutiefst Persönliches erlebt. Der innere Kontakt zur eigenen Lebendigkeit öffnet sich durch das Persönliche hindurch, über die eigene Geschichte. Nun sind andere Wesen ebenfalls lebendig. Das Lebendigsein ist in allen gleich, eben lebendig. Das verbindet uns miteinander, ob wir das wollen oder nicht und ob es uns bewusst wird oder nicht. So kommen wir über die eigene Lebendigkeit in Verbindung mit allen, die ebenfalls am Leben sind. Insofern ist Spiritualität kollektiv und öffentlich. Diese andere Seite von Spiritualität geht über das Private hinaus. Sie wird als etwas Überpersönliches erlebt, als Verbindung mit dem großen Ganzen. Viele nennen die Erfahrung gerade dieser überpersönlichen Verbindung die „spirituelle Dimension".

Ich kenne kein allgemeingültiges Wort dafür, nur sprachliche Zeiger wie: Großes Geheimnis, Geist, Jahwe, Gott, Allah, Tao. Die Reihe ließe sich fortsetzen. Im Alltag bezeichnen diese Wörter mehr die aus der jeweiligen Kultur erwachsenen religiösen Gruppenzugehörigkeiten, weniger die Sache selbst. Lebendigkeit ist keine „Sache", über die sich direkt sprechen ließe. Sie ist vielmehr schon im Sprechen selbst als dessen innere Bewegung enthalten.

Die Frage ist nun: Kann Spiritualität im weitesten Sinne dabei helfen, Trauma zu transformieren? Oder andersherum: Kann Trauma in einen tieferen Kontakt mit der eigenen Lebendigkeit führen, also in eine vertiefte oder erneuerte Spiritualität?

„Spiritualität" als großräumige Bezeichnung für die Beschäftigung mit dem eigenen Innern oder mit dem wie auch immer vorgestellten geistigen Aspekt des Daseins ist ein Modewort unserer Zeit geworden, eine kulturelle Szene offener Gesellschaften, in manchen Aspekten sogar eine (Unterhaltungs-)Industrie. Wenn wir Trauma als die Bemühung begreifen, aus Gründen besserer Überlebenschancen den Kontakt zur unmittelbaren Gegenwart zu vermeiden (angesichts innerer Bilder des so überwältigend-vernichtenden Kontakts zur damaligen Gegenwart), dann wäre Spiritualität in diesem Sinne nichts anderes als ein Traumasymptom.

Spiritualität als bloße Innerlichkeit funktioniert nach denselben Regeln wie die Illusion: Ich bin mit meinem Geist und meiner Wahrnehmung nicht dort, wo ich mich gerade befinde, sondern eben woanders. Die geistige Entfernung aus der unmittelbaren Gegenwart ist, wie wir gesehen haben, selber Teil des Traumas, eben eine Symptombildung im Sinne unseres Überlebenstriebes. Insofern dient jede spirituelle Praxis, die Menschen aus der unmittelbaren Wahrnehmung ihrer Gegenwart herausführt, dem Trauma selbst, indem sie es konserviert, fortführt und immer wieder neu belebt.

Spiritualität im Sinne einer religionsbasierten Flucht aus der Gegenwart kann tatsächlich, um ein altes Diktum von Karl Marx zu benutzen, zum „Opium" werden, also zu einer Art Betäubungs- oder Schmerzmittel. Ich habe nichts gegen Schmerzmittel. Sie helfen uns, Unerträgliches zu überstehen. Sie tun dabei dasselbe wie Trauma: betäuben um des Überlebens willen. Wer schwere Schmerzen kennt, weiß das zu schätzen, gleichgültig, ob es sich dabei um somatische oder um psychische Schmerzen handelt. Nur: Kein Schmerzmittel erreicht den inneren Auftraggeber des Traumas bzw. seines Symptoms Schmerz. Schmerzmittel können nicht heilen. Heilen kann nur die Wirklichkeit selbst, also der gegenwärtige Moment. Daraus folgt für mich: in der Spiritualität geht es nicht darum, was man tut, sei es in der Meditation, im religiösen Ritus, im Gebet oder wobei auch immer. Es geht darum, wohin man sich dabei innerlich ausrichtet, wofür man sich öffnet.

Jeder unmittelbare Kontakt zum gegenwärtigen Moment ist spirituell, denn er ist immer mit dem Kontakt zur eigenen Lebendigkeit verbunden. Vielleicht treffen sich hier die biblische Formulierung: „Seid im Gebet ohne Unterlass", mit dem östlichen „Jede-Minute-Zen". Ich sehe, dass sich die mir bekannten Religionen und spirituellen Schulen in der Tiefe an ein und demselben Ort begegnen: in der Ermutigung, sich dem gegenwärtigen Moment zu öffnen, sich dem eigenen So-Sein und damit dem Leben selbst zu überlassen - eben nicht zu fliehen, sondern bei sich zu bleiben und der inneren Lebendigkeit zu vertrauen, ja sich ihr hinzugeben.

In diesem Sinne, also in einem alltäglichen Gegenwärtigsein („Wasser holen, Holz machen") kann Spiritualität bei der Heilung von Trauma eine große Kraft entfalten. In diesem Sinne kann sie die mit dem Trauma verbundenen, das Trauma erzeugenden und erhaltenden Illusionen sichtbar machen, als solche würdigen und dann gut sein lassen, um sich der momentanen Gegenwart zuzuwenden. Alles, was in diesem Sinne den inneren Kontakt zur Gegenwart unterstützt, hat aus meiner Sicht natürlicherweise einen spirituellen Kern, einen Nukleus aus gegenwärtiger Spiritualität, eine Mitte aus Kontakt zur Lebendigkeit. Wenn Menschen sich dieser unverfügbaren Mitte anvertrauen, sehe ich eine ganz praktische Spiritualität, so gegenwärtig und alltäglich wie früher „Wasser holen und Holz machen" oder heute „einkaufen und Essen zubereiten". So folgen wir dem, was die Seele offenbar will: alle im „Trauma" verborgenen Überlebensleistungen samt der dabei entwickelten Ressourcen sichtbar werden lassen und dem Leben neu zur Verfügung stellen. Es geht darum, das „Trauma" selbst immer tiefer als Illusion zu erkennen und die unbedrohte Gegenwart als Wirklichkeit wahrzunehmen.

Wo ist er überhaupt, der Blaue?
Er verschwimmt langsam mit der blauen Tiefe da unten.
Er kann überall hin, so weit der Ozean reicht.

6.

DAS MENSCHLICHE UND DAS FREMDE

Vor einiger Zeit kam eine Frau aus einem nahöstlichen Kriegsgebiet zu mir in die Beratung. Es dauerte ein wenig, bis sie Vertrauen fasste. Dann erzählte sie die Geschichte ihrer zehntägigen Flucht nach Deutschland, gemeinsam mit ihren Kleinkindern. „Zu Hause ist alles kaputt. Kein Haus steht mehr." Sie zeigte verschiedene Trauma-Symptome, und sie war fest entschlossen, für ihre Kinder und mit ihnen gemeinsam hier weiterzuleben. Sie sprach bereits Deutsch, und sie hoffte auf spätere Rückkehr nach Hause.

Auch im Nachgang zu dieser Begegnung entstand die folgende psychologische Kontemplation zu aktuellen seelischen Bewegungen in Menschen und Menschengruppen. Natürlich können ökonomische, soziologische, juristische, religiöse oder politische Assoziationen beim Lesen angeregt werden, vermutlich lässt sich das nicht umgehen.

Zuerst:
Ich spreche hier nicht über Menschen, die zu uns kommen, weil sie hier eine aussichtsreichere oder lohnendere Arbeit, Bildung, Gesundheitsversorgung oder was auch immer Erstrebenswerteres vorzufinden hoffen, als sie es von ihrem

früheren Lebensort kannten. Ich spreche über Menschen, die an ihrem bisherigen Lebensort in Lebensgefahr waren und sich auf den Weg machten, dieser zu entgehen.

Weiter:
Wenn ich über „die Flüchtlinge“ spreche, muss ich auch über uns sprechen. „Wir“, das sind die Leute, die schon da wohnen, wo geflohene Menschen sich sicher genug fühlen, um erst einmal zu bleiben. Erst durch unseren Blick auf sie – und gleichermaßen durch ihren Blick auf uns – entsteht das Phänomen „Einheimische und Flüchtlinge“, welches mich hier interessiert.

Wären „wir“ nicht schon hier, würden die Flüchtlinge, also die offensichtlich vor Krieg, Verfolgung, Armut oder anderen unerträglichen Umständen geflohenen Menschen, möglicherweise trotzdem hier Halt machen, weil ihnen vielleicht die Gegend und das Klima günstig vorkommen. Unsere Gegend in Mitteleuropa wäre vielleicht die Endstation auf ihrer Wanderung, vielleicht auch nicht. Es gäbe jedoch nicht den Status von „Flüchtlingen“, sondern vielleicht von „Davongekommenen“, „Überlebenden“, „Ausgewanderten“, „Siedlern“ oder auch „Angekommenen“.

Wären wir Einheimischen nicht schon hier, wäre unsere Gegend vermutlich nur wenig sicherer als die Gegend, wo die fliehenden Menschen vor Monaten aufgebrochen sind. Es gäbe keine Infrastruktur, keine medizinische Versorgung, kein Dach über dem Kopf, keine sichernde Gesetzes- und Polizeimacht, keine Bildung, keine Arbeit, keine mitfühlenden Helfer und Helferinnen. Es wäre Wildwest in Europa.

Nun, es ist wie es ist: Wir sind schon da, und die Flüchtlinge kommen dazu. Was ist los mit ihnen? Und was ist los mit uns? Ich sehe zwei einfache Dinge:

1. Flüchtlinge sind Menschen. Das kann man sehen, sie gehen aufrecht auf zwei Beinen, sie fühlen, sie denken und sprechen.

2. Flüchtlinge sind Fremde. Sie fühlen, sie denken und sprechen anders als wir. Das sieht man meistens auch. Schauen wir, was diese kleine Unterscheidung von „Menschen, also Wesen wie wir", und „Fremde, also anders als wir", vielleicht öffnet, klärt und verständlich macht.

FLÜCHTLINGE SIND MENSCHEN

So wie wir wurden sie alle von einer Frau geboren. Sie haben Eltern und Großeltern, oft auch Geschwister, Ehepartner, Kinder und Enkel. Sie essen, sie schlafen, sie weinen, sie streiten sich, sie haben Heimweh. Sie sind freundlich oder wütend, redlich oder kriminell, so wie wir. Fast immer haben sie jemanden verloren, oft auch viele – Angehörige, Freunde, Kollegen. Ihre physische Heimat, ihr irdisches Zuhause, haben sie alle verloren.

Sie haben eine Geschichte, genau wie wir. Meistens ist diese Geschichte so voller Schrecken, dass sie nicht einfach erzählt werden kann. Würde ihre Geschichte weniger Schrecken enthalten, hätten sie nicht das Ungewisse ihrem

Zuhause vorgezogen. Der Antrieb für Flüchtlingsbewegungen ist unerträglicher Schrecken, verbunden mit der Idee, dass es anderswo vielleicht weniger schrecklich ist. Einen anderen zureichenden Grund, sich von zu Hause fort auf eine potenziell lebensgefährliche Reise in eine unvorstellbare Fremde zu begeben, gibt es nicht. Die Flüchtlingsbewegung ist eine Rettungsbewegung. Sie entsteht unmittelbar aus unserem menschlichen Überlebenstrieb. Den Überlebenstrieb kann niemand unterdrücken.

FLÜCHTLINGE SIND FREMDE

Sie haben oft eine andere Hautfarbe als wir. Sie sprechen anders, nicht nur in uns meist unbekannten Sprachen, sie setzen Sprache auch anders ein als wir. Sie haben andere Gewohnheiten, ob in ihren Familien, ob unter Freunden, ob bei der Arbeit. Sie essen häufig andere Dinge als wir und das zu anderen Tageszeiten. Sie beten zu anderen Göttern. Sie haben andere Vorstellungen davon, was richtig und falsch ist, was gut ist und was schlecht, was man darf und was nicht. Sie haben andere Wünsche als wir, andere Ängste, Freuden und Macken. Sie halten andere Dinge für wichtig, als wir es tun.

Die meisten Flüchtlinge sind innerlich mit Dingen beschäftigt, die die Mehrheit von uns Einheimischen längst hinter sich gelassen zu haben glaubt: Krieg, Tod, Bedrohung, Verwundung, Vergewaltigung, Folter, Vertreibung und Zerstörung. Religiöse, wirtschaftliche und ethnische Unterdrückung gehört ebenfalls zu den Schrecken, die sie mit sich herumtragen, wenn sie es geschafft haben, den physischen Ort dieser Bedrohungen zu verlassen.

Jetzt sind sie da. Was nun? Sie bringen Erfahrungen mit, wie sie unsere Vorfahren vor drei Generationen im Zweiten Weltkrieg und danach gemacht haben. Sie betreffen in unserer Gegend jede Familie. Vor drei Generationen gab es zwölf Millionen deutsche Vertriebene und Flüchtlinge. Viele von ihnen fühlen sich auch siebzig Jahre später noch als Fremde an den einheimischen Orten, wo sie jetzt leben. Erst jetzt, über siebzig Jahre danach, beginnen einheimische Menschen die Wirkung kollektiver traumatischer Überlebensmechanismen in ihrem eigenen Leben wahrzunehmen. Sie beginnen, davon zu erzählen und sich über das formale Funktionieren bzw. das Überspielen hinaus damit zu befassen.

DER SCHRECKEN, AUSSEN UND INNEN

In der Aufstellungsarbeit zeigt sich oft, wie der Schrecken von damals von folgenden Generationen in kindlich-abhängiger Liebe übernommen wird, um überhaupt bei den verstörten Eltern bleiben zu können und innerlich Kontakt zu ihnen zu finden. Wir sehen, wie wir in dieser unbewussten Loyalität noch heute den Schrecken von damals in uns lebendig halten, wie er unser Lebensgefühl, unsere Symptombildungen und unsere Entscheidungen beeinflusst. Der Schrecken von damals wird uns in der äußeren Welt von heute immer wieder begegnen, so lange, bis wir es wagen, ihn in uns offen anzuschauen. So hilft uns die äußere Welt, innerlich zu uns selbst zu kommen, auch im kollektiven Sinne.

Im Jahre 2015 waren es offenbar die Flüchtlinge, welche mit ihrem Erscheinen jenen Schrecken verkörperten, den wir Einheimischen innerlich noch unter Verschluss halten. Sie bringen uns die Erfahrungen unserer Groß- und Urgroßeltern vor die Haustür, ob als Opfer oder Täter oder beides. Sie könnten uns damit einen unschätzbaren Dienst erweisen: Sie zeigen uns unser Inneres. Sie tragen es zu uns. Das ist eine große Herausforderung, gegen die die aktuellen verwaltungstechnischen und finanziellen Herausforderungen recht einfach zu lösen scheinen. Und: Das können nur Fremde für uns tun. Einheimische sind zu nah, wir sind immer mit drin in unseren kollektiven Abwehr- und Schutzmechanismen.

DIE ZWEI FORMEN DER ABWEHR

Wer von uns Einheimischen sich noch nicht in der Lage sieht, in Gestalt der Flüchtlinge dem Echo des Schreckens von damals in die Augen zu sehen und dabei zu fühlen, dass jetzt Frieden, Sicherheit und relativer Wohlstand unser Leben bestimmen, der muss die Schrecken abwehren, welche mit den Fremden zu uns kommen.

Dafür gibt es zwei Wege: Entweder man sieht nur „das Fremde" an den Fremden, also dass sie anders sind als wir. Dann muss man sich Sorgen machen und die eigene „kulturelle Identität" als nunmehr bedrohten Schutzschild gegen den eigenen Schrecken benutzen. Man wird im Fall der größten Angst die Flüchtlinge physisch bekämpfen. Oder man sieht nur „das Menschliche" an ihnen, also dass sie genau solche sind wie wir. Dann muss man ihnen helfen, alles Schwierige abnehmen, sich selbst dabei furchtbar überanstrengen, sie zu integrieren versuchen und am liebsten irgendwann ganz zu Einheimischen machen.

Im ersten Fall ist man so von „dem Fremden" hypnotisiert, dass man das Menschliche an ihnen nicht sehen kann. Im zweiten Fall hypnotisiert einen „das Menschliche" an ihnen derart, dass man ihre Fremdheit ebenso wenig wahrnimmt wie die höchstwahrscheinliche Aussicht, dass Flüchtlinge über mehrere Generationen hinweg Fremde bleiben werden. In beiden Fällen sieht man sie nicht als das, was sie sind: fremde Menschen, die sich vor dem Schrecken hierher gerettet haben. In beiden Fällen nimmt man ihnen etwas von ihrer Würde, und sich selber auch.

Es scheint nicht einfach zu sein, das Menschliche und das Fremde in ihnen gleichzeitig zu sehen und beides gleich zu würdigen. Es setzt voraus, dass man sich selber sieht und erkennt, wer man ist. Und es kann gleichzeitig diesen inneren Vorgang der Bewusstwerdung in Gang bringen.

ANSCHAUEN WAS IST

Man kann den Flüchtlingen ihr Fremdsein nicht abnehmen, sondern man muss es ihnen zumuten und auch lassen. Sie werden keine Deutschen werden, sondern etwa Afghaninnen,

Syrer, Marokkanerinnen oder Libyer bleiben. Man kann auch sich selber das Einheimischsein nicht abnehmen, sondern muss es sich zumuten.

Einheimische haben bei sich zu Hause die Verantwortung für das „Wie“ des Zusammenlebens, sowohl miteinander als auch mit ihren Gästen, in diesem Falle mit ihren Flüchtlingen. Wir müssen diese Verantwortung wahrnehmen, denn darin besteht hierzulande unser Zuhausesein. „Integration“ bleibt ein (Alp)-Traum, solange man diese Grunddynamiken ignoriert. Sie kann zu einem neuen Gemeinwesen führen, wenn wir beginnen, uns selber zu sehen, und damit aufhören, „das Fremde" und „das Menschliche“ gegeneinander auszuspielen.

Der blaue Fisch wird unruhig.

7.

VON DER REINHEIT

Zuweilen liebe ich die Reinheit. Sie kennt keine Zweifel, keine Zweideutigkeit. Mühelos unterscheidet sie Gut und Böse, Liebe und Hass, Drinnen und Draußen. Immer verbindet sie sich vollkommen mit einer dieser beiden Seiten, immer schließt sie die andere gänzlich aus. Für die Reinheit hat jede Medaille nur eine Seite.

Ich bin ein deutscher Mann der dritten Generation nach dem II. Weltkrieg. Noch immer stecken mir die Folgen der nationalsozialistischen Sehnsucht nach Reinheit in allen Knochen, meinen Kindern ebenso. Die „reine Rasse" als Lebensmaßstab, die reine Überlegenheit als Lebensrecht, die Auslöschung der „Unreinen" in Tötungsmanufakturen und Industrieanlagen – Jonathan Litell hat in seinem Buch *„Die Wohlgesinnten"* versucht, die Millionen Reinheitsopfer aller Seiten zusammenzurechnen. Bei der Lektüre der ersten Seiten konnte ich irgendwann nicht mehr atmen, und ich hatte bis dahin nur ein paar Zahlen gelesen. Ganz genau wird es vielleicht nie jemand wissen.

„Reinheit" genießt einen prominenten Platz in unserer Alltagssprache: Menschen haben ein „reines Herz", Persil macht Wäsche „porentief rein“, ein Mädchen mit intaktem Hymen ist eine „reine Jungfrau“, die sich „ihre Unschuld bewahrt hat“, viele suchen die „reine Wahrheit“. Im unbewussten inneren Erleben bedeutet „Reinheit“ dasselbe wie „Unschuld“. Beide bezeichnen die uneingeschränkte Zugehörigkeit zur Familie oder einer anderen wesentlichen Gruppe. Reinheit als Ideal gibt es daher nur im Zusammenhang mit dem Gewissen gegenüber einer Gruppe, Reinheit ist immer auf eine Gruppe bezogen. Für sich allein ergibt „Reinheit“ keinen Sinn. Wie kommt das?

Bert Hellinger hatte auf dem Wege des Familienstellens das Gewissen als das soziale Zugehörigkeitsorgan entdeckt. Es spielte schon im ersten Beitrag dieses Büchleins eine Rolle. Das Gewissen regelt über das Erleben von Schuld und Unschuld die Zugehörigkeit zuerst zur Familie, dann zu allen anderen Gruppen, mit denen man verbunden ist: Sippe, Freunde, Bewohner derselben als Heimat empfunden Gegend, Nation, Hautfarbe, Geschlecht. Auch das „individuelle Gewissen“ ist immer ein Gruppengewissen und ergibt allein für sich keinen Sinn.

Als Zugehörigkeitsorgan ist das Gewissen offenbar so mächtig, dass man es nicht übergehen kann, ohne dass es Krankheiten, Unglück und Tod, sogar Kriege zu inszenieren beginnt. Sein Antrieb ist die unbewusste abhängige Liebe – unsere ursprüngliche Verbindung zu den Menschen, aus denen wir hervorgegangen sind. Sie ist uns in unsere Zellen, in unsere Emotionen und Gedanken eingeschrieben. Die Bindungsliebe als eine Art unbewusster Loyalität stellt prinzipiell das Wohlergehen dieser Menschen (etwa das von

Mutter oder Vater) über das eigene, da nur so eine sichere Versorgung das eigene Überleben und Wachsen gewährleistet. Wenn man dieses Phänomen einmal umdreht, wird deutlich: Die Voraussetzung für das Wirken des Gewissens ist eine existenzielle Abhängigkeit. Es spielt dabei eine untergeordnete Rolle, ob diese Abhängigkeit der eigenen Existenz so körperlich total ist wie etwa beim Embryo, oder eher emotionaler Natur wie etwa in der Kindheit, sich vor allem in gedanklichen Mustern und Ideen abspielt wie beim Jugendlichen, oder gar nicht mehr vorhanden ist wie beim Erwachsenen. Je nachdem, welche dieser inneren Instanzen eines Menschen bei der Bewältigung seines Alltags und in seinem Selbstverhältnis aktiv sind, steuert das Gruppengewissen nach der subjektiv erlebten Abhängigkeit unsere Wahrnehmung, unser Selbstbild sowie unsere Handlungsspielräume und -muster.

Unser Gewissen ist in seinen Entscheidungen davon abhängig, in welchem inneren Status bzw. in welcher Bewusstseinsstufe wir uns gerade bewegen. Ein Embryo trifft andere Entscheidungen als ein Jugendlicher, ein Kind andere als eine erwachsene Frau. Insofern entscheidet das Gewissen immer subjektiv. Ein objektives Gewissen gibt es nicht. Wenn z. B. Bundestagsabgeordnete auf ihr Gewissen vereidigt werden, ist damit keine unabhängige Instanz angesprochen, sondern ihre Zugehörigkeit zu bestimmten Gruppen. Die Subjektivität des Gewissens macht es steuerbar. Wie das geht, sieht man im Wahlkampf oder in Krisenzeiten, wenn manche Menschen auf der Klaviatur kindlicher oder archaischer Ängste ihrer Mitmenschen zu spielen beginnen. Subjektiv gefühlte Unsicherheit beantwortet jedes

Gruppengewissen mit verstärkten Bemühungen, Unschuld zu erreichen, also dazuzugehören. Embryonale Opferbereitschaft, kindliche Eindimensionalität im Fühlen und jugendliche Radikalität im Denken sind die natürliche Folge - und heizen von sich aus die gefühlte Unsicherheit weiter an.

Das Ziel des Gewissens ist immer die uneingeschränkte Zugehörigkeit, weil nur so das eigene Überleben und Gedeihen gesichert zu sein scheinen. Das Steuerinstrument des Gewissens scheint die Balance zwischen subjektiv empfundener Schuld und Unschuld zu sein. Je existenzieller das Abhängigkeitsgefühl, je enger also die unbewusste Bindungsliebe, desto mehr Unschuld ist nötig, um sich zugehörig fühlen zu können. Das Maximum an Unschuld heißt Reinheit. Sie bietet die größtmögliche Sicherheit, jedoch kaum Entwicklungs- oder gar Handlungsspielräume. Je weniger Abhängigkeit man erlebt, je weniger man von der abhängigen Liebe geleitet wird, desto mehr „Schuld" kann man sich „leisten". Das Maximum an Schuld entsteht durch Vermischung. Vermischung bietet die größtmöglichen Entwicklungs- und Handlungsspielräume, jedoch kaum Sicherheit.

Die Sehnsucht nach Reinheit stellt sich nun als die kindliche Sehnsucht nach Zugehörigkeit dar, nach sicherem Zugang zur ursprünglichen Gruppe, der Familie. In der Familie geht es an erster Stelle um den Zugang zur Mutter. „Ich liebe die Reinheit" heißt also: Ich liebe die Mutter. Und zwar das Prinzip der Mutter. Die reale Mutter ist niemals rein, sonst hätte sie gar nicht erst Mutter werden können. Meine Mutter war nicht rein, sie war eine ganz normale Frau mit schönen und mit hässlichen Seiten, voller Liebe und voller Angst, ausgestattet mit Klugheit und gleichzeitig mit Scheuklappen. „Liebe macht Flecken" – sie war ein Mensch, Gott sei Dank.

Die Unbefleckten, die Reinen, werden durch ihre Sehnsucht nach Reinheit oft sehr gefährlich für ihre Mitmenschen, ob sie nun eine reine Religion, eine reine Nation oder die reine Wahrheit für sich reklamieren. Unbewusst wollen sie unbedingt unschuldig sein. Manche von ihnen sind bedenkenlos bereit, für ihre Unschuld zu töten. Diese Bereitschaft führt nach wie vor überall auf der Welt zu „Säuberungen" mit Millionen Toten. Sie hat in Europa mittels deutscher Perfektion (einem anderen Wort für „Reinheit") das Menschheitsverbrechen des Holocaust ermöglicht. Solche Geschehnisse können über viele Generationen in ihrem tatsächlichen Schrecken offenbar nicht wirklich im Inneren der betroffenen Nachfahren ankommen. Sie werden daher etwa in meinem Land noch immer mit mehr oder weniger hilflosen Erinnerungs- und Abwehrmanövern gebannt und ferngehalten.

Woher kommt der rücksichtslose Tötungswillen, wenn es um die Reinheit geht? Um dem weiter folgen zu können, muss ich wieder klarstellen, dass ich hier nicht in politischen oder juristischen Kategorien denke, sondern mir die innere Dynamik des Reinheitsverlangens klarzumachen versuche, mich also einer psychologischen, auf die Seele schauenden Sprache bediene. Reinheit als „Unschuld" im Sinne des uneingeschränkten Dazugehörens ist keine moralische Angelegenheit, sondern eine Sache auf Leben und Tod. Dabei spielt die Art der abhängigen Beziehung zum Dasein und der daraus erwachsenden Bewusstseinsstufe die entscheidende Rolle. Ein Beispiel: Wenn ich als Kind Dinge spüre, fühle, denke oder tue, die nach meinem Weltbild, also im Horizont meiner Lebens- und Bewusstseinsstufe die Zugehörigkeit zu meiner Familie gefährden könnten, bringe ich mich in Lebensgefahr, da ich ohne diese Zugehörigkeit nicht überleben könnte. Um diese Gefahr abzuwenden, beginnt in mir das Gruppengewissen meiner Familie aktiv zu werden. Es spricht mich „schuldig", um mich aus dem Bereich der tödlichen Bedrohung wieder heraus zu lotsen. Sein „Schuldspruch" kann mir bewusst werden oder auch nicht. Im unbewussten Bereich beginne ich als Kind dann vielleicht mit der Ausbildung von Symptomen, etwa Wachstumshemmungen, Verhaltensauffälligkeiten oder Krankheiten. Im bewussten Bereich beginne ich mich zu schämen, zu verstecken, wütend zu werden oder mich direkt schuldig zu fühlen.

Je jünger ich bin, umso unbewusster finden meine Reaktionen statt. Als Embryo reagiere ich mit meinem Wachstums- und Bewegungsverhalten, also völlig unbewusst. Als Baby kommen die ersten Möglichkeiten des emotionalen Verhaltens dazu, ebenso die sich ständig erweiternden Kommunikations- und Bewegungsräume. Das Denken setzt im Kleinkindalter ein, übernimmt aber noch nicht die Führung. Dies geschieht erst dann, wenn mich mein Körper mittels der Geschlechtsreife zwingt, die Zugehörigkeit zu meiner Familie infrage zu stellen „und Vater und Mutter zu verlassen". Damit werde ich schlechthin schuldig im Sinne des Gruppengewissens. Etwas anderes macht der Reinheit, der Unschuld, den Rang streitig. Für die Reinheit kann es sich dabei nur um etwas „Unreines" handeln. So bekommt die Verteufelung der Sexualität in vielen Religionen eine neue Kontur: Sie vertreibt alle aus ihrer ursprünglichen

Gruppe, der Herkunftsfamilie. Das unbewusste Gruppengewissen fällt sein Urteil: schuldig, Höchststrafe, wie auch immer. Gemeinschaften, die die Sexualität verteufeln, dienen daher dem Gruppengewissen ihrer Mitglieder. Sie befinden sich im Bewusstseinsmodus der Kindheit und scheinen noch mit der damaligen Abhängigkeit von den Eltern identifiziert zu sein.

Es gibt jedoch in uns, aller tatsächlichen oder gefühlten Abhängigkeit zum Trotz, eine Instanz, die uns immer wieder aus der sicheren Zugehörigkeit hinaus und in verbotene Bereiche hineinführt. Diese Instanz ist unser ganz normaler Impuls zum Wachsen, zur Entwicklung, zum Entfalten, zur Selbstwerdung. Er kommt aus dem Leben selbst, genau wie sein Gegenspieler, das Verlangen dazuzugehören. Beide Impulse brauchen ein lebendiges, variables Gleichgewicht. Das Verlangen nach Reinheit, also nach der Unschuld des uneingeschränkten Dazugehörens, verschiebt dieses Gleichgewicht einseitig zu Ungunsten des Wachsens hin zum „in die Gruppe passen". Das Verlangen nach Reinheit sehnt sich zurück nach den fraglosen Selbstverständlichkeiten der Kindheit. Dies trifft auch zu, wenn es in kollektiver Gestalt auftritt, etwa in Form religiösen oder ethnischen Reinheitsverlangens. Das Verlangen nach Reinheit verweigert das Wachsen und damit das Leben selbst, weil es sich sonst andernfalls wie ein verloren gegangenes Kind in Lebensgefahr wähnt.

An diesem Punkt bekommt die Sehnsucht nach Reinheit jene tödliche Kraft, aus der die Mordlust vieler religiöser oder ethnischer Bewegungen ihre Energie bezieht. Das kindlich-existenzielle Bedrohungserleben selbst, angesichts des möglichen „Nicht mehr dazu Gehörens" und folglich des drohenden Untergehens, enthält einen Tötungsimpuls. Das subjektive Bedrohungsgefühl aktiviert unseren angeborenen Kampf- und Fluchtimpuls und damit die Bereitschaft, zur Rettung des eigenen Überlebens die „Bedrohung" zu beseitigen. Der Kampfimpuls ist bereit, alle „Angreifer" zu töten.

Hier wirkt die evolutionäre Säugetiervergangenheit des *Homo Sapiens*. Sie ist bis heute aktiv. Aus der Sicht eines sich bedroht und gleichzeitig abhängig fühlenden Menschen, etwa eines Kindes, ist Zugehörigkeit eine Sache auf Leben und Tod. Dieses Paradigma gilt in gleicher Weise für die Unschuld bzw. die Reinheit als Ausdruck der vollkommen sicheren Zugehörigkeit. Es bringt Menschen dazu, für die Reinheit, also für die Zugehörigkeit, zu töten. Reinheit verweigert nicht nur sich selbst das Wachstum, also das eigene Leben, sondern auch „den Anderen" das ihre. Reinheit ist tödlich.

Über dieses aus der Abhängigkeit des Kindes verständliche Bedrohungsszenario sowie über die Schuldsprüche des Gruppengewissens kommt man innerlich nur hinweg mit der Ignoranz, dem Trotz und der Arroganz des Jugendlichen. Man entfernt sich von ihnen, indem man neue Schuldsprüche nach eigenen Gesetzen (Autonomie) dagegensetzt. Das Zauberwort „Autonomie" scheint den kulturellen, politischen und wirtschaftlichen Kurs des Westens zu bestimmen. Der Westen agiert psychologisch gesehen oft wie eine Horde arroganter Jugendlicher. Er steigert damit das Bedrohungsgefühl all jener Menschen ins Unermessliche, die sich im Gruppenbewusstsein befinden, also im psychologischen Sinne wie Kinder funktionieren. Der Westen wird dabei jedoch nicht frei vom kindlichen Gruppengewissen. Dies wird man erst, indem man nicht mehr dagegen ankämpft, sondern die „Schuld" annimmt und auf die „Unschuld" völlig verzichtet. Damit tut man dem Gruppengewissen, in dem man aufgewachsen ist, Genüge, und bekommt dennoch eine bislang unbekannte innere wie äußere Bewegungs- und Handlungsfreiheit.

Im Zusammenhang meines Themas heißt das möglicherweise schlicht: Befleckung und Vermischung sind das Wesen von allem, was lebt. Das Leben macht Flecken. Der Verzicht auf Reinheit macht frei und gleichzeitig lebendig.

Der blaue Fisch nickt langsam,
davon versteht er was.
Von dem Folgenden jedoch nichts.
Er ist immer glücklich, weil: Er ist ja da,
genau wie das Wasser um ihn herum.
Von dem er noch immer nichts weiß.

8.

SOLL UND SEIN UND GLÜCK

Im Folgenden rede ich nicht von dem Glück, das mich ganz beiläufig ereilt, etwa weil mir die Sonne auf die Füße scheint oder mich das Lächeln eines Kindes trifft. Über dieses Geheimnis kann ich nichts sagen. Es geschieht einfach – zum Glück.

Ich rede von dem Glück, das man erreichen möchte. Viele Menschen jagen danach, es scheint recht flüchtig und fragil zu sein. Dieses Glück hat eine Bedingung, denn es hängt an einem Vergleich: Ich vergleiche das, was ist, mit dem, was sein soll.

Wenn es passt, bin ich glücklich. Wenn Sein und Soll jedoch nicht passen, komme ich in Gefahr. Die Gefahr heißt Unglücklichsein. Um glücklich zu werden, muss ich also das Sein und das Soll passend machen und zusammenbringen, getreu dem Motto: „Jeder ist seines Glückes Schmied". Der Möglichkeiten gibt es viele, etwa das Sein meines Körpers (Gewicht, Figur, Gesundheit und Fitness) mit dem meinem Alter entsprechenden Soll. Oder das Sein meines Einkommens (mein tatsächlicher Verdienst) mit dem Soll meiner Vorstellungen vom sorglosen Leben. Oder noch besser: das

Sein meiner Liebsten (ihr Wesen oder ihre Natur) mit dem Soll meiner Vorstellungen von einer Frau, mit der ich gerne zusammenlebe.

Natürlich werfen solche Sätze die eine oder andere Frage auf: Woher weiß ich überhaupt, wie das Sein jeweils sein soll? Wo, wie und wann entsteht das, was ich als Soll empfinde? Gilt das „Glück" stiftende Zusammenpassen von Soll und Sein nur für sogenannte positive Entwicklungen wie Gelingen, Lust und Wachstum oder auch für sogenanntes Negatives wie Scheitern, Schmerz und Tod? Welche Möglichkeiten habe ich, wenn Sein und Soll auseinanderklaffen? Entsteht Unglücklichsein nur, wenn das Sein dem Soll hinterherhinkt, oder auch, wenn es das ursprüngliche Soll plötzlich haushoch übertrifft?

Einige Thesen vorab: Unglück ist einerseits nicht dasselbe wie Scheitern, Schmerz und Tod, Glück andererseits nicht dasselbe wie Gelingen, Lust und Wachstum. Unglücklich sein scheint mir eher das Ergebnis einer speziellen Tätigkeit, einer Aktion, zu sein. Es entsteht, wenn ich das Sein und das Soll voneinander trenne, wenn ich ihren Kontakt zueinander verhindere. Unglück im Sinne von „unglücklich sein" gibt es nur selbstgemacht: Ich halte mein Sein und mein Soll auseinander. Jemand anderes vermag das nicht. Der einzige Mensch, den ich unglücklich machen kann, bin ich selbst. Der einzige Mensch, den ich glücklich machen kann, bin ebenfalls ich selbst, jedoch nicht, indem ich mein Glück schmiede. Glück im Sinne von „glücklich sein" entsteht dann, wenn ich mein Sein und mein Soll nicht länger voneinander getrennt halte.

Das „Soll“ ist übrigens eine Illusion. Die Wirklichkeit kennt kein Soll. Sie ist einfach, wie sie ist, und zwar deshalb, weil sie gerade so stattfindet, wie sie geschieht. Mein Soll entsteht erst dadurch, dass ich mich von dieser Wirklichkeit fernhalte, weil sie mir möglicherweise Schmerzen und Angst macht. Das Soll ist nur möglich, wenn ich etwas anderes will als das, was ist. Mein Soll ist also ein Schutz vor der Wirklichkeit, vor dem, was ist. Ich halte mich selbst von meinem Sein fern und spüre dieses Fernhalten als mein Soll. Jede Neurose entsteht auf diese Weise. Sie dient als Schutzwall vor Angst und Schmerzen, letzten Endes vor der Todesangst.

Die Differenz zwischen Soll und Sein lässt sich auf zwei verschiedene Arten angehen: Entweder ich lasse das Sein so, wie es ist. Es ist ja sowieso so, gerade mein eigenes Sein, meine eigene Natur. Also muss ich das Soll dem Sein zum Fraß vorwerfen. Das Sein schluckt das Soll, immer. Andersherum hat es noch nie geklappt. Mein Sein nimmt mein Soll zu sich.

Glück entsteht durch Nehmen. Nehmen ist sein Preis. Glück ist aber nicht billig, denn die Unglück stiftende Differenz zwischen mir und meinem Sein habe ich aus Dingen gebaut, die ich nicht haben will. Dies können Ereignisse in meiner oder meiner Vorfahren Biografie sein, Schmerzen, Ängste, Sterben. Es können auch Dinge sein wie die eigene Kraft, Freude, Größe und Energie. Es geht nicht darum, ob diese Dinge schön oder hässlich sind, positiv oder negativ, lust- oder schmerzvoll. Es geht darum, dass ich sie (noch) nicht genommen habe.

Nehmen heißt: Ich höre auf zu wollen, dass es anders ist, als es ist. Ich setze mich dem, was da ist, voll aus, indem ich es in mir seinen natürlichen Platz finden lasse. Nehmen heißt: Ich gebe mich dem hin, was da ist, ich ergebe mich. Ich ergebe mich meinem Sein, meiner eigenen Natur. Die Differenz zwischen mir und meinem Sein löst sich dabei in Luft auf. Für das Soll ist dies das Ende. Es verschwindet und hinterlässt: Glück. Nun, Glück ist gefährlich. Glücklich sein schließt einen aus der Menge aus. Ein glücklicher Mensch ist immer ein weißer Rabe.

Der andere Weg, Soll und Sein zusammenzubringen, kommt daher häufiger vor. Auch ich persönlich bin darin wesentlich geübter: Ich versuche, mein Sein dem Soll anzupassen. Ich sage meinem Soll, es soll die unpassenden Bereiche des Seins auffressen, herunterschlucken, vernichten oder zumindest aussperren. Mein Soll ist begeistert, der Kampf mit dem Sein ist sein Traumjob. Je mehr Bereiche oder Anteile meines Seins ich nicht haben will, desto williger und leistungsbereiter wird es. So richtig in Hochform kommt es, wenn ich ihm das Etikett „Glück" verpasse. Damit mache ich mein Soll zum Maßstab des Glücks. Alles, was meinem Soll nicht entspricht, wird zum Unglück. Immerhin, das machen fast alle so. Damit bin ich auf der sicheren Seite, denn wer nicht mit Unglück aufwarten kann, macht sich verdächtig.

Unglück sieht auf den ersten Blick recht billig aus, im Vergleich zum Glück: Ich muss dafür nichts von dem nehmen, das ich nicht haben will. Ich muss mich an nichts Unbekanntes oder gar Furchterregendes hingeben. Es ist einfach sicherer. Unglück ist die Sicherheit an sich. Es entsteht zuverlässig, wenn ich mein eigenes Sein dem Soll zum Fraß vorwerfe, wenn ich also gegen meine Natur lebe.

Die Königsklasse des Unglücks erreiche ich, wenn ich versuche, nicht nur mein Sein, sondern das Sein anderer Menschen meinem Soll anzupassen. Ihrem jeweiligen Soll kann ich es ja nicht anpassen, denn das kenne ich nicht. Es geht immer um meine Vorstellung davon, wie es sein soll, also um meine Illusionen. Zum Primus der Königsklasse werde ich, wenn ich versuche, das Sein aller Menschen meinem Soll anzupassen, also mal eben die Welt zu retten. Dazu muss ich notgedrungen allen anderen meine Illusionen diktieren. Ich muss ihrem Leben vorschreiben, wie es zu laufen habe und ihnen mitteilen, worin ihr Glück liegt: „Euer Glück liegt im Befolgen meines Solls.“ Der Retter der Welt ist notgedrungen ein Diktator. Immer. Er hat die besten Absichten.

Der Preis des Unglücks liegt nicht wie beim Glück im Nehmen, sondern im Bezahlen: Ich bezahle mit dem gegenwärtigen Moment, mit dem Augenblick. Ich investiere meine Energie darin, mich selbst vom gegenwärtigen Moment fernzuhalten. Das braucht viel Kraft, manchmal sogar alle Kraft, die ich habe. Wenn man alle verfügbaren Kräfte zur Trennung vom gegenwärtigen Moment einsetzt, hat man die perfekte Depression. Das Verb „de-presso“ bedeutet „unterdrücken“: Ich unterdrücke meine Gegenwart, ich unterdrücke also das Sein zugunsten des Soll.

Unglück ist richtig teuer. Wenn ich mir deutlich mache, dass mein Sein, also meine Natur, mein Leben, nur immer im jeweiligen gegenwärtigen Moment stattfindet, wird der wahre Preis sichtbar: Für den Sieg des Solls über das Sein bezahle ich mit meinem Leben. Von Moment zu Moment. Ich setze mein Leben ein, um unglücklich sein zu können. Das klingt vielleicht absurd, aber genau so mache ich es, in schöner Gemeinschaft mit der Mehrheit der mir bekannten Menschen. Die Illusion (das Soll) ist mir mehr wert als mein reales Leben (mein Sein im gegenwärtigen Moment). Das muss man erst mal hinkriegen.

Logisch wird diese Kamikaze-Aktion erst dann, wenn man sich anschaut, für welche menschlichen Bewusstseinsstufen das Soll einen zwingend höheren Wert darstellt als das reale eigene Leben, also das Sein, und für welche dies vielleicht andersherum sinnvoller ist. Ich sehe: Erst für innerlich erwachsene Menschen im Status des Selbst-Bewusstseins bekommt ihr Sein einen höheren Wert als ihr Soll, denn sie sind von nichts anderem mehr abhängig außer von ihrem gegenwärtigen Moment. Für alle vorhergehenden Bewusstseinsstufen ist das schwieriger, wenn nicht unmöglich.

Das ungeborene Kind im Mutterleib, also das symbiotische Einheitsbewusstsein, kennt nur das Soll: Es nimmt, ohne zu wählen, Energie und Nährstoffe von der Mutter und integriert sie in sein Wachstum. Seine ganze Existenz, sein Wachstum selbst, ist ein einziges Soll: Vater, Mutter und durch sie das Leben selbst bedingen seine Gestalt (ein Mensch, hell oder dunkel, Mädchen oder Junge, gesund oder krank usw.) – das Ungeborene kennt nur das Soll. Im Mutterleib sind Sein und Soll ungetrennt. Das Sein des

Ungeborenen im Mutterleib folgt seinem Soll. Es hat damit kein Problem, im Gegenteil: Darin besteht das Glück des Paradieses. Die vielen Paradiesgeschichten in den verschiedenen Traditionen unserer Erde erzählen vom Glück des Ungetrenntseins im Mutterleib, allgemeiner gesprochen davon, wie im symbiotischen Einheitsbewusstsein das Sein fraglos dem Soll folgt.

Es gibt jedoch eine Entwicklung im Laufe der Schwangerschaft. Das Verhältnis von Sein und Soll verändert sich. Das Sein des Ungeborenen bekommt mehr Gewicht gegenüber dem Soll seines Wachstums. Ich vermute, wenn das Sein und das Soll des Kindes im Mutterleib ein Kräftegleichgewicht erreicht haben, ist seines Bleibens hier nicht länger: Es wird geboren. Die Verschiebung des Gleichgewichts vom Soll der Umgebung zugunsten des eigenen Seins wird präzise illustriert in der biblischen Urgeschichte von Adam und Eva und dem Baum der Erkenntnis. Das Ergebnis ist die Vertreibung aus dem Paradies, also die Geburt.

Wie geht es weiter in der Kindheit, also im Gruppenbewusstsein? Das Kind liebt das Soll. Es entsteht durch die Funktion, welche die Familie für ein Kind hat: Sie ist die emotionale Gebärmutter, von der es total abhängig ist. Es wird emotional dort hingehen, wo es die Familie stützen kann, etwa in einen Schmerz oder eine Schwäche der Eltern, ohne Rücksicht auf sich selbst und das eigene Leben – und zwar aus unbewusster Liebe. Das Kind liebt das Soll.

Der oder die Jugendliche bekämpft das Soll, bleibt ihm aber durch den Kampf verbunden. Sie können es nicht lassen, denn sie haben nichts anderes. Das jugendliche Aufbegehren versucht, ein eigenes Soll an die Stelle des Familiensolls zu setzen. Damit wird das „Positiv" durch ein „Negativ" ersetzt. Etwas Eigenes ist es dadurch aber noch nicht, und vor allem: Es verschwindet nicht, es bleibt aktiv. Das jugendliche Ichbewusstsein bekämpft das Soll, wie ringsum überall zu sehen. Alles andere würde es als Kapitulation vor dem Sein empfinden, als einen elenden Verrat.

Wir sehen:

Auf den drei ersten Bewusstseinsstufen, die sich im unterschiedlichen Verhältnis zur Abhängigkeit von den Eltern entwickelt haben, dient das Soll dem eigenen Wachsen und Gedeihen, jeweils in unterschiedlicher Funktion. Es stellt einen notwendigen Puffer her zwischen dem gegenwärtigen Moment und dem eigenen Sein. Das ungeborene Kind im Mutterleib nimmt das „du sollst da sein" des Lebens über das Soll der elterlichen Anlagen einfach in sich hinein und lässt sich daran ausbilden.

Es verkörpert das Soll, anders kann es nicht gedeihen. Das ist Hingabe pur, das ist Liebe pur, völlig unbewusst. Die größte Treue zum Soll findet man daher im symbiotischen Einheitsbewusstsein. Vermutlich deshalb wirken Ereignisse während der Schwangerschaft sowie Zustände und Situationen der Mutter so grundlegend prägend auf unsere Vorannahmen gegenüber dem Leben, dem eigenen Sein: Sie formen den Kern unseres „Soll". Diese Schicht des Soll sitzt in unseren Körperzellen und in unserem grundlegenden Lebensgefühl. Sie ist die stabilste von allen.

Die nächste Schicht unseres Soll kommt aus der Kindheit, vermutlich sind es mehrere. Sie speisen sich aus dem, was uns unsere Mütter und Väter durch ihr Verhalten über uns selbst mitgeteilt haben. Die Eltern sagen uns in unseren ersten Lebensjahren durch ihr unbewusstes Verhalten uns gegenüber, wer wir sind, völlig unabhängig von ihren bewussten Absichten. Dabei haben natürlich das Sein und das Soll unserer Eltern in unterschiedlichen Gewichtsanteilen zu uns gesprochen. Wo Soll und Sein bei ihnen auseinanderklaffen, wo also ihre Schmerzen sitzen, haben wir als Kinder ein besonders lautes Soll gehört – und es geliebt. Unbewusst.

Dort konnten und mussten wir etwas für unsere Eltern tun, damit sie stabiler würden und folglich wir selbst sicherer aufwachsen könnten: ein magisches Missverständnis, das wesentlich zur Gestalt und Struktur unseres gegenwärtigen Solls beiträgt. Da Eltern und Geschwister während der Kindheit wie ein emotionaler Mutterleib funktionieren, bekommt unser kindliches Soll die Gestalt und Struktur von emotionalen Mustern. Die kindlichen Schichten unseres Solls legen sich über die embryonale Schicht. Je früher sie entstanden, umso stabiler sind sie, umso mehr von unserem erwachsenen Sein wollen sie fressen.

Die letzte Schicht unseres Solls kommt aus dem Ich-Bewusstsein der Jugend. Der emotionale Mutterleib, der aus dem Soll und dem Sein der Eltern und Geschwister bestand, liegt seit Beginn der Pubertät in den Wehen. Das Kind muss hinaus in die Welt, im Grunde ist die ganze Pubertät (also die Zeit zwischen vielleicht 13 und 30 Jahren) eine einzige Geburt. Das Denken dient dabei als Geburtshormon. Es löst das Fühlen ab, als die Kindheit bestimmendes Mittel zur Verhältnisbestimmung mit der Umwelt. Die Familie ist zwar noch da, sie ändert aber ihre Funktion: vom emotionalen Mutterleib zum gedanklichen Sprungbrett oder auch Boxring, je nach Temperament.

Das Denken entspringt der Aufgabe, das kindliche Soll zu demontieren, um zum eigenen Sein zu gelangen. Es kommt bei diesem Kampf, bei dieser notwendigen Demontage des kindlichen Solls, jedoch etwas anderes heraus. Mittels Kampf gelangt man nicht zu seinem eigenen Sein, sondern nur zu einem neuen Soll. Es heißt „Autonomie". Ich hatte schon darüber geschrieben. Das jugendliche, im Moment in den westlichen Industrieländern am weitesten verbreitete Soll, bildet sich im Kampf mit dem kindlichen Soll. Es besteht im Wesentlichen aus gedanklichen Mustern: aus Vorannahmen, Konzepten, Idealen und unbewussten Programmen im Bereich der Ratio. Das jugendliche Soll legt sich als letzte Schicht, sozusagen als Glasur, um die früheren Schichten unseres Soll. Es vollendet das Ego.

Das Ego ist nichts anderes als unser „Soll" mit allen seinen Schichten. Seine Glasur heißt Autonomie. Das Ego hat oft einen schlechten Ruf, aber der wird ihm nicht gerecht. Unser Ego erscheint mir als die Summe all jener körperlichen, emotionalen und rationalen Überlebensmechanismen, mit denen wir noch identifiziert sind, die also immer noch unseren gegenwärtigen Moment mit einer vergangenen Bedrohung (oder mit vergangenen Paradiesen) verwechseln.

Unsere Egos haben wir selbst gemacht, wenn auch völlig unbewusst. Das Ego ist daher ein Kunstprodukt, während unser Sein unsere Natur ist. Es ist immer schon da, es wächst ganz von selbst. Unser Ego ist ein Werk der abhängigen Liebe, ohne das wir nicht überlebt hätten. All unsere Überlebensfähigkeiten stecken da drin. Nun aber klemmt es als die Summe all dessen, was wir davon noch nicht haben nehmen können, zwischen uns und unserem Sein. Ich behaupte jedoch: Das Soll eines erwachsenen Mannes oder einer erwachsenen Frau ist nichts als bloße Luft. Denn die Bedrohungen von damals gibt es in unserem wirklich wahren Leben nicht mehr.

An diesem Punkt halte ich fest: Das Ego und mein Selbst, also jene Instanz, die in mir „Ich" sagt, sind nicht miteinander identisch. Das Ego versucht wie jeder gute Sicherheitsdienst, möglichst im Verborgenen tätig zu sein. Dazu erweckt es gern den Anschein, es sei „Ich". Das Ego spricht und handelt dann sozusagen in meinem Namen. Manchmal gelingt ihm das so gut, dass ich darauf hereinfalle. In diesem Falle bin ich vollkommen mit meinem Soll identifiziert. Das heißt, ich verwechsle mich mit meinem Soll und bemerke gar nicht, wie es mich vor sich hertreibt.

So etwas kommt vor, und nicht einmal selten. Verständlich, dass man das Ego loswerden will. Das Ego selbst versteht das am besten. Das wirksamste Ego ist jenes, dessen man sich zu entledigen versucht. Es hat sich einem heiligen Eid verpflichtet. Er lautet: „Dies Kind soll unverletzet sein." (Paul Gerhard). Das Ego stellt die Arbeitsgemeinschaft der inneren Wächter dar. Es lässt sich nicht abmelden oder besiegen, denn es dient ja immer der eigenen Rettung. Wie also weiter?

Eine Variante wäre, das Ego als Ganzes dem Sein zum Fraß vorzuwerfen. Manche spirituellen Lehren favorisieren diesen Weg. Sie raten einem, „das Ego loszulassen". Wie amüsant und idiotisch gleichermaßen. Sie rechnen nicht mit der Todesangst, die ein solches Vorhaben mit sich bringt. Sie bleiben damit im Horizont der Jugend, oft sogar der Kindheit. Wohlgemerkt: Das Ego hat unser Überleben ermöglicht, bis wir erwachsen wurden. Erst jetzt beginnt es überflüssig zu werden. Aber das Annehmen seiner verschiedenen Schichten setzt voraus, dass wir unserem Sein, also unserer Natur, im gegenwärtigen Moment wirklich vertrauen. Dies gelingt erst, wenn uns wirklich klar wird, körperlich sozusagen, dass die abhängigkeitsbedingten Bedrohungen im Mutterleib, in der Kindheit und der Jugend, vorüber sind.

Diese Vorgänge berühren tiefe körperliche, emotionale und rationale Muster - Muster, die allesamt aus der nackten Todesangst kommen. Ich muss mich also nicht darüber wundern, wenn ich bei der Beschäftigung mit Dingen, die zwischen mir und meinem Sein liegen, der damaligen Todesangst begegne. Der Preis des Glücks ist der Kontakt zur Todesangst, ist die Begegnung mit dem eigenen Tod. Diese Erkenntnis ist nicht neu (Psalm 90,13: „Herr lehre uns, dass wir sterben müssen, damit wir klug werden").

Jetzt wird möglicherweise etwas verständlicher, wieso viele Menschen, ich selber eingeschlossen, es immer wieder vermeiden, glücklich zu sein: Sie wagen es nicht, ihr Soll aufzugeben, weil sie fürchten, dass der gegenwärtige Moment sie das Leben kostet. Dies ist ein Missverständnis, natürlich, aber ein sehr hartnäckiges. Es bringt nicht viel, mit Formeln um sich zu werfen wie: „Lebe im Jetzt" oder „Lebe dein Sein", wenn man ignoriert, welche Überlebensmechanismen damit aktiviert werden und was man diesen so oft verdammten „Mustern" tatsächlich verdankt.

Ich habe keine Lösung, oft aber habe ich gesehen: Die Dosis macht das Gift. Das Sein muss nicht mein ganzes Soll, mein ganzes Ego auf einmal zum Fraße bekommen, auch wenn ich das manchmal gern hätte. Hans im Glück konnte den Goldklumpen – die Barriere zwischen ihm und seinem Sein – auch nicht auf einmal loswerden. Er brauchte den Umweg über die Kuh, das Schwein, die Gans und den Stein, bis er nichts mehr hatte – und Hans im Glück werden konnte. Manchmal finden Soll und Sein von ganz alleine zueinander – etwa wenn einem ein Goldklumpen in den Brunnen fällt, die Sonne auf die Füße scheint oder ein Kind einem zulächelt. Das Glück hilft sich selbst, wenn man es lässt.

Der blaue Fisch schläft.
Er träumt vom Wasser, das ihn umgibt -
türkisfarben und warm.

9.

GLÜCKLICHE ZEITEN

- Ungeborene sind glücklich,
  wenn ihr Sein dem Soll ganz folgen kann.
- Kinder sind glücklich,
  wenn ihr Sein das Soll ungehindert lieben kann.
- Jugendliche sind glücklich,
  wenn ihr Sein um ein eigenes Soll kämpfen kann.
- Erwachsene werden glücklich,
  wenn ihr Soll und ihr Sein sich gegenseitig anschauen
  und so lassen können.
- Reife Erwachsene werden glücklich,
  wenn ihr Soll und ihr Sein sich zu lieben beginnen.
- Alte Menschen werden glücklich,
  wenn ihr Soll und ihr Sein sich ineinander auflösen.
- Jede Lebensstufe hat ihr eigenes Glück.

„Ich bin da", bemerkte der blaue Fisch,
als er aufwachte. „Genügt das?"
„Es genügt", sagt er zu sich selbst.

10.

VOM SEHEN

Wenn du vorhast, ein Problem deines eigenen Lebens zu lösen, dann ergib dich ihm. Damit unterbrichst du seine Energieversorgung. Jedes deiner Probleme ernährt sich von deiner Abwehr. Von nichts sonst. Folge ihm bis zu dem Ort, wo es liebt. Dort findest du seinen Ursprung. Du wirst sogar entdecken, dass es dich liebt. Dann verliert es die Zuschreibung „Problem". Es wird zu einer Sache, zu einer Form unter vielen. Vielleicht kommt es ab und zu als Herausforderung wieder, vielleicht vergisst du es ganz beiläufig. Das nennt man dann „Lösung".

Den inneren Vorgang dabei nenne ich „sehen". Sehen ist Hingabe an das, was man anschaut. „Sehen" heißt, in allem, was ist, Liebe zu erwarten, auch in ihrem offensichtlichen Gegenteil. In allem, was ist, ist Liebe. Sonst wäre es nicht da. Ohne Liebe ist nichts, denn Liebe ist die Essenz von allem, was ist. Das Gegenteil von offensichtlicher Liebe ist immer blinde Liebe. Sie sieht nicht das, was jetzt ist, sondern bleibt auf das fixiert, was früher war und auf alles, was sie damals als Bedrohung erlebt hat. Sie weiß noch nicht, dass die Bedrohung vorüber ist. Wenn sie gesehen und als Liebe erkannt wird, verliert sie ihre Blindheit und wird selber sehend.

Sehen als Hingabe – diese Art, etwas anzusehen (vielleicht das Problem eines Klienten oder ein eigenes) und (möglicherweise blinde) Liebe darin zu erwarten, unterscheidet sich grundlegend von dem, was wir normalerweise beim Sehen tun. Normalerweise ist „Sehen" nichts anderes als „Einordnen". Wir verbinden das, was wir sehen, im Augenblick der Wahrnehmung mit einem inneren Ordnungssystem. Es liegt zu diesem Zweck schon bereit. Es ist Teil unseres Sicherheitsapparates, sozusagen seine Eingangsabteilung. Dieses Ordnungssystem gleicht alle eingehenden Wahrnehmungen sofort mit dem vorliegenden Erfahrungsschatz ab und ordnet ihnen die jeweils plausibelsten Muster zu.

Den größten Teil unserer „Eingangsabteilung", also unserer Erfahrungen samt zugehöriger Ordnungs- und Reaktionsmuster, haben wir gar nicht persönlich installiert. Er ist Teil unserer kollektiven biologischen und kulturellen Entwicklung. Wir finden diesen Teil vor, wie ein schon eingespeichertes Programm. Unsere individuellen Erfahrungen und Bewältigungsstrategien ergänzen das Vorgefundene und variieren es ein wenig. Diese Muster wirken wie Filter, wie eine Art Zensur.

So kommt fast nie das Originalsignal unserer unmittelbaren Wahrnehmung bei uns an, sondern das durch die Muster Gefilterte. Man sieht also nicht das, was man „sieht", sondern das, was man gemäß seiner Sicherheitsmuster gewohnheitsmäßig wahrnimmt, spürt, fühlt und denkt. Man denkt, fühlt und spürt immer genau das, was einem beim Umgang mit subjektiv erlebten Bedrohungen einmal das Weiterleben ermöglicht hat. Ein genialer Trick.

Dieser Trick hilft uns, am Leben zu bleiben. Über Hunderttausende von Jahren haben wir uns darin geübt, die unmittelbare Wahrnehmung durch die von ihr angeregten inneren Bilder, Gefühle, Gedanken und Handlungsabläufe zu ersetzen. Wir opfern die unmittelbare Wahrnehmung unserer Sicherheit. Diese Fähigkeit wurde zum evolutionären Vorteil der Gattung Mensch. Gleichzeitig ist sie unsere größte Bedrohung, denn sie trennt uns von dem, was wirklich ist. Sie verwechselt das „Damals", die subjektiv erlebte und zur Erfahrung geronnene Bedrohung, mit dem „Jetzt", also mit dem relativ sicheren gegenwärtigen Moment.

„Sehen" im oben beschriebenen Sinne bedeutet das genaue Gegenteil. Es lässt den eigenen Sicherheitsapparat seine Arbeit tun, jedoch ohne sich von ihm stören zu lassen. Es nimmt die von ihm vorgeschlagenen Eingangsmuster zur Kenntnis, lässt sich jedoch von ihnen nicht ablenken. „Sehen lernen" bedeutet dementsprechend, etwas zu verlernen, nämlich die Fixierung auf die Muster unseres Sicherheitsapparates. Wie verlernt man etwas? Nicht, indem man sich abwendet und es loshaben will.

Was man verlernen will, muss man anschauen und wirklich zu sich gehören lassen, mit einem Wort: Was man verlernen will, muss man lieben lernen. Dann entspannt es sich, dann verlernt es sich wie von selbst. Um als Berater/ Beraterin andere Menschen sinnvoll dabei unterstützen zu können, hilft es durchaus, sich selbst „sehen zu lernen", d.h. die blinde Liebe im eigenen Leben am Wirken zu sehen und zu spüren. Dann wird „Sehen" zu einer inneren Haltung, zuerst dem eigenen Leben und dann dem Leben anderer Menschen gegenüber. Sehen ist Hingabe an das Leben, so wie es ist.

Der blaue Fisch schweigt
und dreht sich mit dem Bauch nach oben.
Dann wird ihm langweilig
und er reckt den Kopf aus dem Wasser.
Ziemlich hell da draußen, findet er.

11.

VON DER OHNMACHT

Vor kurzem erlebte ich in einem meiner Kurse, wie eine Frau in einer Art gequältem Aufschrei von ihrer Arbeit als Ärztin auf der Intensivstation berichtete: von überfüllten Notaufnahmen, von offiziell angeordneter Katastrophenmedizin anstelle der bisherigen Individualmedizin, von sterbenden Menschen, die bis zu ihrem letzten Atemzug nicht glaubten, dass sie gerade von COVID-19 getötet werden, von 18-Stunden-Schichten über viele Wochen hinweg, von vor Erschöpfung weinenden Mitarbeitern, von Zuständen, die sie wohl aus Kriegs- und Katastrophenfilmen kenne, nicht aber aus ihrer bisherigen Berufspraxis. Diese Frau schaute mit fassungslosem Entsetzen auf jene, die COVID-19 für eine Art Grippe halten und sowohl eine Impfung als auch die politischen Maßnahmen dagegen ablehnen.

Ein Teilnehmer sagte unter Tränen, er könne es nicht mehr ertragen, von fast allen gesellschaftlichen Teilhabemöglichkeiten ausgeschlossen zu sein. Er dürfe sich aus medizinischen Gründen nicht impfen lassen, habe wunderbare Kinder großgezogen, führe ein eigenes Institut und habe eine derartige staatliche Missachtung wirklich nicht verdient.

Eine Frau war seit zwei Jahren unter Aufbietung all ihrer Energie damit beschäftigt, die Familien ihrer Mitarbeitenden, für die sie sich persönlich verantwortlich fühlte, zu schützen und gut durch die Pandemie zu bringen. Sie erzählte von ihren Bemühungen, ihr mittelständisches Unternehmen so zu führen, dass niemand krank wird, sich alle sicher genug und aufeinander bezogen fühlen und dennoch ihre Aufgaben erfüllen könnten.

Ein Mann gestand seine abgrundtiefe Wut und Empörung gegenüber der gesamten Pandemiepolitik überhaupt. Er erlebe eine Diktatur, fühle sich in seiner persönlichen Freiheit auf unerträgliche Weise eingeschränkt und staatlicher Willkür schutzlos ausgeliefert.

Mir fiel dabei ein, wie oft ich schon gehört hatte, die Impfung sei ein Menschheitsverbrechen, dem man niemals zustimmen werde, und sollte es den Job kosten. Man fühle sich ja als Ungeimpfter ausgesondert und gebrandmarkt wie die Juden im Dritten Reich.

Ich persönlich sprach in der Runde davon, was COVID-19 in meinem Familien- und Bekanntenkreis bereits angerichtet hat und wie sich aus der früher einmal sehr bestimmenden Rolle von Krankheit in meinem Leben ein stilles und gleichzeitig wachsames Grundvertrauen in ärztliche Kunst ergeben hatte. Ich persönlich habe mich gegen COVID-19 impfen lassen.

Die Aussagen der Kursteilnehmenden gebe ich hier anonymisiert, schematisiert und verfremdet wieder. Sie alle hatten denselben Ausdruck eines fassungslosen Entsetzens in den Augen, während sie ihr inneres Erleben mitteilten. Dabei spielte es keine Rolle, ob sie für oder gegen die Impfung sprachen, ob sie täglich Menschen an COVID-19 sterben sahen oder die Pandemie für eine riesige Verschwörung hielten, ob sie die deutsche Coronapolitik als angemessen, als diktatorisch oder nur als unfassbar dilettantisch empfanden. Sie alle hatten aus ihrem Erleben heraus dasselbe Gefühl einer unbeschreiblichen, alles überschattenden Ohnmacht.

In der Ohnmacht trafen wir uns. So gegensätzlich unsere konkrete Wahrnehmung derselben Situation auch erschien, in der Ohnmacht als gemeinsamem Nenner erkannten wir uns wieder. Wir konnten uns an diesem einen Tag in unserer überdeutlichen Verschiedenheit so lassen, auch jene, die sich draußen im öffentlichen Leben unversöhnlich auf genau entgegengesetzten Demonstrationen begegnet wären.

Noch etwas fiel mir auf: Soweit ich sehen konnte, war diese Runde für alle Beteiligten mit einem extremen inneren Stress verbunden. Gleichzeitig wirkte das Aussprechen vor Zeugen, denen man aus vielen früheren Begegnungen grundsätzlich vertrauen konnte, sehr erleichternd. Ich will diese Erfahrung hier ein wenig verallgemeinern, da sie mir im Moment überall begegnet: Das Grundgefühl der Menschen in einer Pandemie ist Ohnmacht. Was machen wir damit, was macht sie mit uns? Ohnmacht kann niemand ertragen, außer in der Liebe. Dort heißt sie Hingabe.

INNERE FILME

Unsere Psyche erlaubt uns nicht, längere Zeit in dem Gefühl von Ohnmacht zu bleiben, solange wir uns als abhängig von irgendetwas oder irgendjemandem wahrnehmen. Die Psyche folgt darin einer für die menschliche Evolution sehr erfolgreichen Gleichung: Abhängigkeit + Ohnmacht = Lebensgefahr.

Lebensgefahr muss sofort abgewendet werden, sonst stirbt man. Lebensgefahr wird immer begleitet von Todesangst, wie unbewusst und verborgen sie auch sein mag. Die Todesangst dient unserem Überleben. Sie wirkt als ein kompromissloser Antrieb, jede Lebensgefahr unmittelbar zu beseitigen.

Für die Psyche spielt es dabei keine Rolle, ob eine Lebensgefahr „objektiv", „in echter Wirklichkeit" und „tatsächlich" in diesem Moment besteht, oder ob sie „nur" als gefühlte, subjektive oder gar völlig unbewusste Wahrnehmung auftaucht. Die Psyche unterscheidet nicht zwischen „echt" und „nur gefühlt". Sie muss jede wahrgenommene Lebensgefahr abwehren. Welchen Weg sie dabei jeweils wählt, hängt davon ab, was sie in der eigenen Erfahrung gelernt und aus den wesentlichen Überlebenserfahrungen bestimmender Familienmitglieder und all jener Menschen, die vor uns gelebt haben, übernommen hat.

Psychische Abwehrgefechte gegen die Ohnmacht folgen einem Prinzip, das wir schon bei der Beschäftigung mit „Trauma" gesehen haben: Wir nehmen ehemals erfolgreiche innere Zustände zu Hilfe, anders gesagt, „Symptome", die vor vielen Jahren, oft vor mehreren Generationen, manchmal vor Jahrhunderten schon geholfen haben. Die Psyche „erkennt" dabei eine überlebte Bedrohungssituation, die schon lange zurückliegt, als eine gegenwärtige Gefahr.

Sie begibt sich nahezu komplett in die damalige Situation, um sie mit den damals erfolgreichen Mitteln zu bewältigen. Diesen inneren Zustand hält sie für real. Sie nimmt nichts anderes mehr wahr, schon gar nicht das gegenwärtig Gegebene. Wir gehen in einen „inneren Film". Er ist viel mehr als Kino, er umfasst sowohl das, was man wahrnehmen und denken als auch das, wie man emotional und körperlich reagieren kann. Der innere Film fühlt sich realer an als die gegebene momentane Wirklichkeit.

Da wäre die Frau bei Facebook, die offenbar in dem unabweisbaren Eindruck lebt, dass die ganze Corona-Geschichte eine großangelegte Lüge ist und unser Land zu einer Diktatur macht. Für sie fühlt es sich an wie eine Mischung aus früherer Sowjetunion, ehemaliger DDR und Nazideutschland im Dritten Reich. Alles, was an Nachrichten, Informationen und Verordnungen zu ihr gelangt, ordnet sie in diesen Rahmen ein. Für sie gibt es nur die „Lügenpresse", sie lebt innerlich ganz in der Zeit, als unter den Nazis und in der ehemaligen DDR tatsächlich nur die offizielle systemtreue Sichtweise zu lesen war, nicht jedoch die Vielfalt dessen, was wirklich passierte. Damals gab es eine echte staatlich gesteuerte Lügenpresse.

Vor einigen Wochen diskutierte ich mit ihr, in dem Versuch, eine bedrohliche Erinnerung aus vergangenen Diktaturzeiten, die sich unbewusst auf unsere Gegenwart legt, von dem zu unterscheiden, was hier und jetzt tatsächlich der Fall ist. Ich sei sicher mit vielem an der aktuellen Coronapolitik überhaupt nicht zufrieden, aber „Diktatur" würde bedeuten, dass wir nach einer solchen Diskussion über staatliche Maßnahmen am nächsten Morgen mit einem Hausbesuch von Gestapo oder Stasi zu rechnen hätten. Und zwar aus dem zentralen politischen Willen heraus, andere Perspektiven als die des Staates zu kriminalisieren und auszuschalten. Einen solchen politischen Willen kann ich nicht erkennen. Man wird nicht staatlicherseits für abweichende Haltungen ins Gefängnis gesteckt, sondern bekommt bei angemeldeten Demos gegen „die Corona-Diktatur" von der Polizei dafür sogar die Straßen freigehalten. In der realen DDR vor 1989 wären die Demonstranten mit großer Wahrscheinlichkeit verhaftet worden, unter den Nazis wären sie tot.

Das stört aber ihren inneren Film nicht. Er ist resistent gegen aktuelle Gegebenheiten. Vielmehr nutzt ihr innerer Film, welcher ja in der Vergangenheit spielt, die passenden Ausschnitte der gegenwärtigen Wirklichkeit als Argument für seinen eigenen Wahrheitsgehalt. Er macht ihr weis, dass es noch immer so ist wie damals. In seinen Nazizeit-Anteilen scheint mir dieser Film etwa achtzig Jahre alt zu sein, in seinen DDR-Anteilen vielleicht vierzig.

Das grundlegende kollektive Symptom, welches aus den beiden deutschen Diktaturen immer wieder als innerer Film in der Gegenwart erscheint, ist ein abgrundtiefes Misstrauen sowohl der Bevölkerung gegenüber der Regierung, gegenüber „dem System", als auch der Regierung gegenüber

„dem Volk". Sonst wäre es der politischen Klasse leichter gefallen, von Beginn der Pandemie an mehr auf Vertrauen und weniger auf Verbote zu setzen, und „dem Volke" leichter gewesen, mehr in die Selbstverantwortung und weniger in die innere Emigration zu gehen.

Innere Filme dieser Art dienen der Abwehr von Ohnmacht, indem sie uns zurück transportieren in genau jene Zeit, in der wir eine ähnliche Ohnmacht erlebt und überlebt haben. Gleichzeitig verstärken sie die heute wahrgenommene Ohnmacht ins Unermessliche, da wir damals ja wirklich ohnmächtig waren, also einer echten Diktatur ausgeliefert. Der entsprechende innere Film „möbliert" die damalige echte Ohnmacht und ihren Schrecken mit den Geschehnissen der Gegenwart, im Moment mit all dem, was die Corona-Pandemie dazu anbietet.

Ein älterer Mann fällt mir ein, der als Kleinkind eine Art medizinisches Versuchskaninchen war und bis vor Kurzem Panikattacken bekam, wenn es um die Impfpflicht ging. Ein verletztes Bein hatte sich damals so entzündet, dass es amputiert werden sollte. Ein mutiger Arzt schlug den Eltern vor, ihr Kind in der Klinik zu lassen, um ein neues, noch recht unbekanntes Antibiotikum auszuprobieren. Es wurde dreimal täglich per Spritze verabreicht. Das Kleinkind fand sich damals von seinen Eltern verlassen und für vier Wochen in die Hände fremder Menschen gegeben, die es immer wieder stachen und dabei selbst nicht genau wussten, was sie da taten. In seinem Körper und seiner Psyche brannte sich diese Situation der totalen Ohnmacht tief ein, mit allem, was an Todesangst, Verlassenheit und Verratenseins dazugehörte. Die Rede von der Impfpflicht katapultierte ihn zurück in die damalige Situation, die Corona-Impfung wurde zum absoluten Angstgegner, so wie damals die Spritzen mit dem Antibiotikum. Ihm begann es besser zu gehen, als er in der Beratung sehen konnte, dass ihm die Impfungen damals das Bein gerettet hatten und dass das innere Erleben des kleinen Jungen von damals absolut berechtigt war. Er konnte dem „inneren Jungen" sein gesundes Bein vorführen und ihm zeigen, wie sehr sich seine Panik von damals gelohnt hatte. Einige Monate später hörte ich von dem Mann, dass er noch immer nichts von einer allgemeinen Impfpflicht hielt, dass aber die Panik gegenüber der Impfung verschwunden sei.

Über das persönliche Beispiel dieses Mannes hinaus katapultiert die Rede von der Impfpflicht nach meinem Eindruck viele Menschen in ihren unbewussten inneren Filmen zurück in die Nazizeit, als der offen sadistische KZ-Arzt Joseph Mengele mit seinen Spritzen und seinen „Experimenten" tausende Menschen tötete oder ihnen für den Rest ihres Lebens die Gesundheit ruinierte. Das Morden war damals Teil der offiziellen staatlichen Politik.

In manchen inneren Filmen verbindet sich dies offenbar zusätzlich mit der damals zum Teil bewusst, zum Teil unbewusst wahrgenommenen Ausgrenzung und Ermordung der Juden, wie man genau dann sehen kann, wenn sich ungeimpfte Menschen von heute mit den jüdischen Menschen von damals identifizieren. Natürlich ist das völlig absurd und verniedlicht die millionenfache Ermordung der Juden im Dritten Reich auf eine groteske Weise. Außerdem zeigt sich darin noch immer der ausgrenzende Affront gegen jüdische

Menschen. Sie wurden damals für ihr Jüdischsein ausgegrenzt, für etwas, das nicht sie entschieden hatten. Wir Heutigen haben nur abzuwägen zwischen dem Risiko der Impfung samt ihren möglichen Nebenwirkungen und dem Risiko der Krankheit COVID-19 samt ihren möglichen Folgen, und sodann mit den Konsequenzen unserer jeweiligen Entscheidung zu leben. Das ist etwas völlig anderes als die damalige Judenverfolgung. Die Psyche und ihre inneren Filme jedoch halten sich nicht an das, was richtig und angemessen wäre, sondern an das, was die effektivste Abwehr von Ohnmacht verspricht.

Ungeachtet dessen finde ich jegliche Ausgrenzung von Ungeimpften unangemessen angesichts der Erkenntnis, dass die Impfung Menschen vor schweren Krankheitsverläufen schützen kann, nicht jedoch die eigene Infektiosität verhindert, auch wenn eine höhere Durchimpfungsrate sich statistisch günstig auf die Begrenzbarkeit der Pandemie auswirken könnte. Ich sehe hierfür keinen aus den Gegebenheiten des Virus heraus erschließbaren Grund, jedoch einen solchen in der Beschaffenheit unseres Bewusstseins: Die gegenseitige Ausgrenzung von geimpften und ungeimpften Menschen, etwa in vielen „sozialen" Medien, hilft uns bei der psychischen Abwehr unserer Ohnmacht.

Ich sehe deshalb in der allgemeinen Impfpflicht einen Irrweg, weil sie das so dringend nötige Vertrauen zwischen Bevölkerung und politischer Klasse nicht etwa befördert, sondern einer illusionären Sicherheit opfert; von dem aus meiner Sicht unzulässigen Eingriff in die körperliche Freiheit aller Menschen im Geltungsbereich unseres Grundgesetzes ganz zu schweigen. Die Menschen müssen selbst bestimmen dürfen, was in sie hineinkommt und was nicht. Sie müssen sich impfen lassen dürfen, so wie ich, und sie müssen sich dagegen entscheiden dürfen, so wie andere.

Wie wir schon gesehen haben, kann unser Gehirn den imaginierten Schrecken und die reale Gefahr nicht auseinanderhalten. Von daher liegt es nicht fern, dass wir in unserem kollektiven inneren Film nicht nur die beiden deutschen Diktaturen, sondern auch eine schon vor Hunderten von Jahren überstandene Pandemie noch einmal erleben: Wir verhalten uns so, als hätten wir die Pest im Lande. Der kollektive Schrecken des jahrelangen Massensterbens enthält so viel Energie, dass die zugehörigen inneren Bilder und Überlebenswege über viele Generationen hinweg immer wieder neu als notwendig aufgenommen und weitergetragen wurden. Sie versuchen noch heute, uns zu retten: Wir suchen Schuldige, entwickeln magische Erwartungen an Politik und Religion, wir sind zu jedem Opfer bereit, nur damit es aufhört. In den digitalen Medien, also auf der zeitgenössischen Hauptbühne der Öffentlichkeit, vollzieht sich von ganz allein eine Art mittelalterlicher Meinungsterror in einer unaufhörlichen Folge digitaler Fehden, Hexenprozesse und virtueller Lynchmorde.

Die Menschen in der einen Blase bekämpfen jene in anderen Blasen und umgekehrt, als ob es ihnen unmittelbar ans Leben ginge. Ein digitales Gemetzel alle gegen alle, mit fantasierten Körperstrafen wie Pranger, Steinigung und Kopf ab. Nur eben digital, also im virtuellen Raum, anstatt in der physischen Realität auf dem Marktplatz mit dem Richtbeil.

Im modernen Ich-Bewusstsein organisieren wir uns in virtuellen Gruppen, in „Blasen", die sich um eine bestimmte Idee, einen Gedanken oder ein Ideal versammeln. Zwischen der „Blase" jener Menschen, die unmittelbar mit dem Schrecken schwerer COVID-19-Erkrankungen konfrontiert sind, und jenen, die in allem, was dem Einhalt gebieten will, den Schrecken einer neuen Diktatur erkennen, entwickelt sich ein fast unendlich differenziertes Spektrum.

DER KAMPF GEGEN SICH SELBST

Wenn ich medizinischen Fachleuten zuhöre, scheint mir, dass das neuartige Coronavirus seine Krankheitswirkung auf menschliche Körper vor allem erreicht, indem es ihr Immunsystem in eine Art Wahnsinn treibt. Das befallene Immunsystem fährt sich selbst hoch bis über alle Grenzen und beginnt, im Abwehrkampf gegen das Virus den eigenen Körper zu bekämpfen, zu schädigen und dadurch zu töten. Krankheiten, die sich aus dem Kampf des Immunsystems gegen sich selbst, ergeben, heißen Autoimmunkrankheiten. (Das griechische Wort „auto" bedeutet „von selbst"/ zu sich selbst"). COVID-19 ist keine Autoimmunkrankheit, es kann jedoch autoimmune Reaktionen erzeugen, nicht nur in der Akutphase, sondern auch danach als Long Covid.

In weiten Teilen der Welt scheint mir die politische Antwort auf das Corona-Phänomen dem inneren Bild der Autoimmunreaktion zu entsprechen. Die politische Immunreaktion auf eine wahrgenommene Bedrohungslage wird strukturiert durch die vorhandenen Gesetze eines Landes und die gerade verfügbaren Ressourcen. In einer echten Diktatur, etwa in China, lässt sich z. B. ein totaler Hausarrest für viele Millionen Menschen anordnen und durchsetzen, notfalls mit Militärpräsenz. Das wird auch hingenommen – und es wirkt, da es nahezu alle physischen Kontakte über mehrere Wochen hinweg unterbricht. Hier in Deutschland geht so etwas gegenwärtig nicht, was ich persönlich begrüße. Hier wird die politische Immunreaktion durch das Grundgesetz begrenzt, ebenso durch die Balance zwischen Bund und Ländern sowie zwischen unterschiedlichen Interessengruppen.

In einer politischen Diktatur steht hinter solchen Autoimmunreaktionen der unbedingte Wille der Machthaber, das eigene Weltbild durchzusetzen und alle „Andersgläubigen" zu kriminalisieren, ohne Rücksicht auf Verluste und auf die gegebene Situation. In einer offenen Gesellschaft wie der unseren entsteht die Autoimmunreaktion ganz von selbst, aus der Offenheit heraus, aus der Möglichkeit, alles zu diskutieren, alles zu verabreden, und aus der totalen Angst vor dem Tode.

Das Opfer entsteht von selbst, unabhängig davon, was die coronabedingten Einschränkungen für Kinder, Jugendliche, Alleinerziehende, Selbstständige wie mich und etwa die gesamte Kultur- und Veranstaltungsbranche konkret bedeuten. Das macht daraus eine Autoimmunreaktion, etwas, mit dem ein System aus seinem Überlebensantrieb heraus sich selbst beschädigt. In dieser Perspektive würde es mich nicht wundern, wenn wir auch auf der politischen, wirtschaftlichen, sozialen und kulturellen Ebene mit so etwas wie Long Covid zu rechnen haben.

Ich habe übrigens den Eindruck, dass es nicht anders geht. Niemand sucht sich vorsätzlich und bewusst seine Symptome aus. Das gilt auch für Autoimmunreaktionen. Niemand, der Heuschnupfen hat, um eine elementare autoimmune Symptombildung zu nennen, kann sich das aussuchen. Niemand, der Neurodermitis hat, kann sich das aussuchen. Niemand, der Krebs bekommt, um eine extreme Autoimmunreaktion zu nennen, kann sich das aussuchen. Ebenso wenig kann ein Gemeinwesen sich aussuchen, wie es in einer als bedrohlich wahrgenommenen Situation reagiert. Es geschieht einfach.

Mir erscheint COVID-19 deshalb auch als eine Art von Zivilisationskrankheit, weil sie unsere Zivilisation voraussetzt, um überhaupt so wirken zu können, wie sie es tut. Das Virus ist ja nichts anderes als ein Stück Natur, auf das unsere Körper und unsere Psyche offenbar mit einem Kampf gegen sich selbst reagieren und dadurch die Krankheit COVID-19 erzeugen. Die kollektive Autoimmunreaktion versucht nun mit absoluten Mitteln, das eigene Leben zu schützen, ohne zu bemerken, was dabei an Lebendigkeit verloren geht. Wie gesagt, ohne dass wir uns irgendetwas davon hätten aussuchen können.

Darin erfüllt sich die Grundrichtung des zeitgenössischen Ich-Bewusstseins: „Ich sage Nein zu meiner Natur, da sie mich ohnmächtig macht und ich mich ihr ausgeliefert fühle. Ich muss alle Natur in den Griff kriegen." Auch die aktuellen Rettungsbemühungen gegenüber der öffentlichen Gesundheit, der Umwelt und dem Klima folgen innerlich diesem Kontrollimpuls.

Das Ich-Bewusstsein, anders gesagt, der aktuelle Zeitgeist, kämpft gegen sich selbst. Er besteht aus nichts anderem als aus dem Kampf gegen sich selbst. Er kann erst damit aufhören, wenn er beginnt, diesen Kampf als solchen wahrzunehmen, ohne ihn zu bekämpfen.

Es gibt auch andere Stimmen. Ein alter Herr im Rollstuhl, welcher damals dem Deutschen Bundestag präsidierte, hat im vergangenen Jahr sinngemäß gesagt: „Der Schutz des menschlichen Lebens ist nicht unser höchstes Gut, wohl aber der Schutz der menschlichen Würde." Er wurde kaum gehört.

SELBSTERFAHRUNG WIDER WILLEN

In unserem individuellen Unterbewussten verbraucht die andauernde kollektive Immunreaktion offenbar sehr viel Energie. Das häufigste Phänomen ist die gesteigerte Müdigkeit, verbunden mit größerer Dünnhäutigkeit, nach innen wie nach außen. Wenn in unserem psychischen Untergrund mehr Energie als üblich verbraucht wird, steht offenbar weniger Kraft für die bisher notwendigen inneren Schutzmaßnahmen zur Verfügung. Das sogenannte Eingemachte taut auf und will an die Oberfläche.

Psychologisch gesehen geht es um Gefühle und Körpererinnerungen, die bisher zu gefährlich oder zu groß anmuteten, um sie ganz an sich heranzulassen: das Verdrängte sozusagen. Dieser Energieverbrauch im Untergrund wirkt nun wie ein Trigger (Auslöser) für alles, was darauf wartet, endlich gefühlt, gesehen und gewürdigt zu werden.

Man kann es unter anderem daran sehen, wenn etwa die Menge der Jugendlichen mit *Anorexia nervosa* (sog. Magersucht) ansteigt oder die der häuslichen Gewalt oder die der Menschen, die einfach vor Angst verrückt werden. Die psychologischen Praxen werden überrannt, auf den Straßen ist Realitätsverlust jeder nur denkbaren Variante häufiger zu besichtigen als sonst. Die inneren Schwierigkeiten vieler Menschen nehmen zu. Manchmal kommen sie bis zu einem Höhepunkt, an dem sie sich dann von selbst lösen können.

Ich bin selbst durch viele innere Zustände gegangen, von Angst vor dem wirtschaftlichen Untergang über Wut auf handwerkliche Pfuscherei im politischen Krisenmanagement bis zu Fassungslosigkeit über die Wahrnehmungsdefizite bei Verwaltungen und politischen Entscheidern, auch ungläubiges Entsetzen angesichts in eine Art Paranoia abgleitender Menschen, die ich bislang für einigermaßen bei Trost gehalten hatte, manchmal einfach die Angst, selber mit einem Schlauch im Halse auf der Intensivstation zu liegen oder mich mit Long Covid monatelang krank und erschöpft zu fühlen. Als ich es wagte, die Ohnmacht und die Panik ganz zu fühlen, haben sie sich wie von selbst gelöst. Es war wie inneres Fegefeuer, und jetzt ist es gut.

Corona bringt weltweit millionenfach innere Prozesse in Gang, für die Menschen normalerweise ins Kloster, in eine

Selbsterfahrungsgruppe, in ein Aufstellungsseminar oder in eine Therapie gehen müssten. Dies bedeutet nicht weniger als: Die Welt ist tiefer als sonst innerlich beunruhigt und in Bewegung geraten. Üblicherweise bringen innerliche Bewegungen auch äußerliche Veränderungen mit sich, verändern die Perspektive auf wesentliche Beziehungen und auf die eigene Rolle darin. Kollektiv bedeutet das: Unsere bisher unbewusst gültigen Gesellschaftsverträge werden gerade neu verhandelt, mit offenem Ausgang.

ANGEWANDTE MAGIE

Ich will den Blick noch etwas weiten auf die Funktionsweise jener kollektiven Überlebensmuster, die in früheren Pandemien geholfen haben. Sie entsprechen individuellen Überlebensmustern, wie wir sie während unserer Kindheit entwickeln: Ein Kind hat immer den Eindruck, es sei für das Geschehen verantwortlich, es sei also schuld daran. Oder aber: Es muss einen Verantwortlichen im Sinne eines Schuldigen geben, jemand steckt hinter dem ganzen Schlamassel, sei es „Bill Gates" oder „der Teufel" oder „der Staat" oder „die Medien" oder „die Pharmaindustrie" oder wer auch immer. Ich sehe darin die Effekte einer kindlichen Elternübertragung, verschärft von den rationalen und virtuellen Möglichkeiten des jugendlichen Ich-Bewusstseins. Eine „Übertragung" funktioniert wie ein innerer Film mit „DeepFake", bei dem aktuelle Personen die Gesichter früherer Personen bekommen und man dann auf diese früheren Personen reagiert, natürlich ohne es zu bemerken.

Im Falle des „Schuldigen" sind dies immer Übertragungen des „bösen Vaters" bzw. der „bösen Mutter", oft fein illustriert mit immer neuen Verschwörungserzählungen oder gar, auf die Spitze getrieben, in wilden apokalyptischen Fantasien, etwa, dass „es" an diesem oder jenem Datum „endlich losgehe" oder „endgültig vorbei" sei. Bislanghaben sich alle Apokalyptiker geirrt, sonst könnte niemand dieses Buch schreiben oder lesen. Ein einziger Weltuntergang würde ihnen ja recht geben, nur: Es gab ihn bisher noch nicht. Apokalyptische Weltuntergangs- und Verschwörungserzählungen gehören zu den frühesten zivilisatorischen Techniken, um unerträgliche Ohnmachtsgefühle zu bannen und mit einfachen Sinnzusammenhängen die psychische „innere Sicherheit" wiederherzustellen.

Umgekehrt sollten „Vater Staat" (so hieß das in der leicht ironischen Alltagssprache der ehemaligen DDR) oder die ehemalige Bundeskanzlerin als „Mutti" es lösen, Hand in Hand mit der „weisen Frau" *Scientia*, der Wissenschaft. Hier ist die Übertragung der „guten Mutter" bzw. des „guten Vaters" am Werke. Darin äußert sich der für Kinder völlig berechtigte Überlebenswunsch nach Sicherheit und Geborgenheit. Er legt sich wie ein Folienbild über die real gegebenen Personen, Institutionen und Phänomene, sodass man innerlich auf sein eigenes Bild reagiert, anstatt auf das, was wirklich da ist. Sollten sich Politik und Wissenschaft als fehlbare Gebilde mit menschlichen Makeln erweisen (was sie ja unzweifelhaft sind), nimmt man sie als verräterisch, etwa als „Verarschung" wahr und reagiert entsprechend mit Wut und Angst.

DIE ILLUSION DER „GRUPPE"

Menschen in Lebensgefahr suchen die Gruppe. Sie suchen die Nähe anderer Menschen mit einer unbewusst ähnlichen Wahrnehmung von Lebensgefahr. „Die Gruppe" verspricht Sicherheit, sonst würden Säugetiere nicht in Herden, Rudeln oder Familienverbänden leben. Wir Menschen haben Säugetierkörper, uns geht es nicht anders. Das Maß an unbewusster Lebensgefahr in einer Gruppe kann man daran ablesen, wie dringend, wie umfassend und wie kompromisslos die Gruppenbezogenheit ihrer Mitglieder wird.

Jede Gruppe mit einem hohen Maß an unbewusster Lebensgefahr wird sich auch ohne konkreten Anlass bedroht fühlen, und zwar von anderen Gruppen mit anders gelagerter unbewusster Lebensgefahr. Auf diese Weise können sich Impfbefürworter von Impfskeptikern bedroht fühlen und umgekehrt. Sie versammeln sich um eine jeweils gegensätzliche Wahrnehmung von Lebensgefahr. Völlig unabsichtlich dienen sie einander, indem sie für die eigene Lebensgefahr eine äußere Vertretung abgeben, einen Auslöser, ein Gegenüber. Auf diese Weise bilden sich die virtuellen, kulturellen und politischen „Blasen", in die viele Menschen sich zurückziehen, nur noch mit „ihresgleichen" zu tun haben und alle anderen meiden oder bekämpfen.

Je größer die unbewusste Lebensgefahr, umso stärker wird der Vernichtungswille gegenüber „den Anderen", also den bewusst (und damit leider falsch) wahrgenommenen „Gefährdern". Die bewusste Wahrnehmung, oft erlebt als „gesunder Menschenverstand", führt hier völlig in die Irre.

Die Lebensgefahr lebt in uns selbst, sie lebt innen, nicht außen. Sie geht nicht weg, indem wir „die Anderen" bekämpfen. Sie geht weg, indem wir sie bei uns selbst sehen. Denn sie ist fast immer eine Erinnerung an eine frühere Bedrohung und damit ein Geist, ein Nichts.

Ebenfalls aus der kollektiven Bibliothek der Abwehr von Lebensgefahr stammt all das, was eine Gruppe zu ihrer inneren Sicherung unbewusst unternimmt, als da wären die Entscheidung über Zugehörigkeit, Rang und Ausgleich sowie in allem die unbewusste Bindung an das Thema der Gruppe. Es ist eine Bindung auf Leben und Tod. Das Gruppenthema ergibt sich „alternativlos" (ein in der Pandemie oft genutztes Wort) aus der von der Gruppe wahrgenommenen Art der Lebensgefahr. Jede Gruppe als solche konstituiert sich überhaupt erst um eine so wahrgenommene Gefahr. Das bedeutet, Gruppen versammeln sich um die ihrem Erleben entsprechende Todesangst. Ohne Todesangst gäbe es keine Gruppen. Die aus ihrer Sicht vielversprechendste Überlebensstrategie wird zum Glaubensbekenntnis der Gruppe, zu ihrem bewussten oder unbewussten Aushängeschild, zum Maßstab der Zugehörigkeit. Sie wird zum internen Kriterium für Sein oder Nichtsein der Gruppenmitglieder.

Der *„Status Confessionis"*, also die innere Notwendigkeit eines öffentlichen Bekenntnisses zur „Gruppenwahrheit" offenbart das Maß der Todesangst in einer Gruppe, ebenso wie Antrieb zur Mission, also dazu, andere Menschen von der eigenen Gruppenwahrheit zu überzeugen und damit zu Gruppenmitgliedern zu machen. Je kompromissloser Menschen andere Leute zu missionieren versuchen, als umso unerträglicher erleben sie eine unbewusste Todesangst und das ihr zugrunde liegende Gefühl der Ohnmacht.

MISSIONARE UNTER SICH

Ich kenne kein untrüglicheres Zeichen für unbewusste Angst- und Ohnmachtsgefühle in Menschen und Menschengruppen, als das Phänomen „Mission". Völlig egal, ob man in Namen Jesu, im Namen Allahs oder im Namen Jahwes missioniert wird, im Namen der veganen Ernährung oder im Namen der Heimat, im Namen der Impfung oder im Namen der Impfverweigerung: Immer spricht daraus eine innerlich unerträgliche Angst vor dem Tod in Gestalt der Furcht, nicht mehr dazuzugehören und also verloren zu sein.

. Wie erfährst du, dass jemand „Veganer" ist? Er wird es dir erzählen.
. Wie erfährst du, dass jemand „woke" (sich also für wacher, feinfühliger und achtsamer hält als andere) ist? Sie wird dich dezent und unmissverständlich darauf hinweisen.
. Wie erfährst du, dass jemand „sein Leben Jesus übergeben hat"? Er wird es dir voller Gewissheit berichten.
. Wie erfährst du, dass jemand Corona für „eine Verschwörung" hält?
. Wie wirst du darüber informiert, dass dir nur „die richtigen Informationen" fehlen, um die Lügen der Wissenschaft, der Politik und überhaupt der „Eliten" zu durchschauen?
. Wie bekommst du andererseits Wind davon, dass „die Impfverweigerer" verantwortungslose Wahnsinnige

sind und damit „die eigentlichen Schuldigen" an der Pandemie?

Sie werden es dir erzählen, unaufgefordert. Sie werden dich zum Missionsfeld erklären und dir „die Wahrheit" ins Gesicht schreien und tonnenweise ins Ohr schieben. Anlasslos, unbeirrbar und immer wieder. Es ist der Versuch, die eigene Ohnmacht und das eigene Entsetzen zu bannen, nichts sonst, völlig gleichgültig, welche Kreativität, welcher Enthusiasmus und welche Gewissheiten damit verbunden sind.

Wenn ich hier so entschieden schreibe, hat das sicher auch damit zu tun, dass ich als Kind unter dem missionarischen Überdruck meines Elternhauses gelitten hatte, und mich jegliche Missionsversuche leicht an jene vergangene Lebensgefahr zu erinnern vermögen.

In all dem scheint mir wahr zu sein: Wir sind ohnmächtig. Die Pandemie geschieht einfach, in ihren gesundheitlichen, psychischen, politischen, wirtschaftlichen, medialen und alltagspraktischen Auswirkungen. Wahr scheint mir auch: Wir können miteinander sein, indem wir uns der eigenen Ohnmacht nicht entgegenstellen, nicht vor ihr weglaufen, sie nicht wegtherapieren, an anderen ausagieren oder irgendwie zu überlisten versuchen, sondern ihr erlauben, jetzt da zu sein. So zu sein, wie sie gerade will. Es hilft nicht, sie zu übertünchen mit Mission, Aktivität, Ablenkung und Rettungsmaßnahmen aller Art. Wir müssen die Ohnmacht da sein lassen.

Das mag sich anhören wie eine Anleitung zum Selbstmord durch Nichthandeln in Lebensgefahr, ist es aber nicht. Im Gegenteil, erst wenn das, was innerlich und äußerlich der Fall ist, wirklich so sein darf, haben wir eine Grundlage für der Situation angemessene Wahrnehmungen, Entscheidungen und Handlungen. Wenn wir unserer Ohnmacht nicht mehr ausweichen, weicht sie von selbst.

Wir haben die nötige Klugheit und Kraft, um mit dem, was ist, zurechtzukommen. Wir finden sie jedoch nicht im Kampf gegen die Ohnmacht, sondern mitten in ihr.

Der blaue Fisch lässt sich treiben,
gegen die Meeresströmung kann er eh nichts tun.
Da! Etwas Fressbares.

12.

DU DARFST DEINEM LEBEN ERLAUBEN

Du darfst deinem Leben erlauben,
so zu sein, wie es ist. In allem.

Du darfst deine Dämonen umarmen.
Inwendig sind sie Engel.

Gib dich der Langeweile hin und folge
deinem Atem, bis alles ganz still wird.

Glaube Ideen nur,
wenn sie unbedingt durch dich in ihre Gestalt
finden wollen.

Lass dein Bett nach dir selbst riechen. Wie
sonst sollte sich jemand darin geborgen fühlen?

Gönne dir ab und zu die Verwirrung
eines Rausches.

Begegne Dramen mit Heiterkeit,
besonders den Inwendigen.

Spare dir das Ausprobieren.
Lebenszeit ist immer einmalig.

Behüte deinen Mut nicht.
Er braucht keinen Schutz, er braucht Platz.

Kräutertee ist gut für Kranke.
Mit fortschreitender Gesundung kann man
trinken, worauf man Lust hat.

Jetzt ist immer Anfang. Gott sei Dank.

Der blaue Fisch tanzt.
Er dreht sich mitten in dem roten Schwarm
im Reigen – auf und ab.
Ein paar gelbe Fische sind auch dabei.
Die Flossen blitzen.

13.

SYMBIOSE, PSYCHE UND VERSÖHNUNG

Ich wurde gebeten, angesichts unserer zerstrittener als üblich wirkenden Welt etwas über Versöhnung zu schreiben. Ich lehnte zunächst ab, weil ich glaube, dass das so nicht geht. Wir können uns nicht „versöhnen", damit das Leben sich wieder besser anfühlt und „wir alle wieder zusammenkommen". Wir waren noch nie zusammen, auch wenn wir in unserer Gegend seit 72 Jahren offiziell Frieden haben. Das Thema jedoch ließ mich nicht los, vermutlich weil ich als Kind so etwas wie der selbsternannte Harmoniebeauftragte in einer von heftigen Auseinandersetzungen geschüttelten Pfarrersfamilie war. Ein aussichtsloser Job übrigens.

Die einzige Versöhnung, der ich etwas zutraue, die mir also nicht romantisch oder übergriffig vorkommt, ist die Versöhnung mit dem Gegebenen, mit dem, was im Moment ist. „Versöhnung" nach Gewalttaten, Übergriffen oder Mord im Sinne von „Wir machen jetzt etwas, damit es wieder gut wird.", gibt es nach meinem Eindruck jedoch nicht. Es kann ein Frieden mit solchen Geschehnissen entstehen, und wir werden uns anschauen, was dazu nützlich wäre. Der kindliche Wunsch, dass „es wieder gut" werden möge, wird jedoch unerfüllt bleiben. Es kann durchaus gut werden, aber ganz anders, als ein Kind es sich überhaupt vorzustellen vermag. Im Folgenden bleibe ich wie sonst auch beim menschlichen Innenleben, denn aus ihm kommt alles Äußere.

Zunächst: Lebensgefahr schließt Versöhnung aus. Echte und unmittelbare Lebensgefahr kommt in unserem westeuropäischen Alltag nur selten vor. Sie lässt sich jedoch nicht ganz vermeiden, solange man am Leben ist. Wenn sie einmal hereinbricht, etwa in Form eines neuen Virus, eines sich verändernden Klimas oder eines Hochwassers, wird sie oft nicht erkannt. Diesem seltsamen Phänomen zu folgen, wäre eine eigene Studie wert darüber, wie vollkommen unbewusst uns viele zivilisatorische Privilegien inzwischen geworden sind.

Der blaue Fisch versteckt sich.
Langsam schwimmt ein Hai vorüber.

Den Löwenanteil an Lebensgefahr, welche jeglicher Form von Versöhnung heute im Wege steht, liefert die „nur gefühlte" Lebensgefahr. Unsere Psyche kann „nur gefühlte" und „echte" Lebensgefahr nicht voneinander unterscheiden, unser Körper ebenso nicht. Auf jede Wahrnehmung von Lebensgefahr reagieren wir mit dem Impuls zu Kampf, Flucht oder Erstarrung, dem natürlichen Gegenteil von Entspannung, Versöhnung und Frieden.

Wenn wir also „Versöhnung" wollen im Sinne von Entspannung mit dem, was ist, wenn wir ihr einen Raum öffnen und ihre Wirkungen tatsächlich erleben möchten, müssen wir die gefühlte Lebensgefahr dort wahrnehmen, dort würdigen, dort respektieren und dort lassen, wo sie hingehört: in unserer persönlichen wie in unserer kollektiven Vergangenheit - und uns der Gegenwart als dem einzigen wirklich sicheren Ort zuwenden. Es gibt nichts Sichereres als den gegenwärtigen Moment.

Die Psyche als innerer Spiegel unseres Körpers wie auch als Stimme unseres Bewusstseins verbindet sich vom Moment der Zeugung an mit jeder einzelnen als lebensgefährlich erlebten Bedrohung. Sie tut dies um unseres Überlebens willen. Sie unterscheidet dann nicht mehr zwischen sich selbst und jener Bedrohung, sich selbst und jener Lebensgefahr, sich selbst und allem, was sie zu ihrer eigenen Rettung unternommen hat. Sie lebt fortan mit der damaligen Bedrohung zusammen, als seien sie ein einziges Wesen, und zwar mit jeder einzelnen Bedrohungserfahrung, die wir jemals als lebensgefährlich registriert haben. „Ununterscheidbares Zusammenleben" heißt auf Griechisch: Symbiose.

Das Phänomen „Symbiose" entsteht ganz von selbst aus jeder subjektiv wahrgenommenen Lebensgefahr. Symbiose entsteht immer dann, wenn es um Sein oder Nichtsein geht. Symbiose antwortet auf die erlebte Bedrohung, indem sie mit ihr verschmilzt und ihr Leben bis auf Weiteres eben dort in dieser Bedrohungerfahrung hat. Im Ergebnis dessen speichern wir jene Lebensgefahr und ihre Überwindung in all unseren Zellen ab. Wir verkörpern sie derart, dass wir sie später nicht mehr von unserer jetzt unbedrohten und sicheren Gegenwart unterscheiden können. Dieser faszinierende Vorgang verschafft unserem Säugetierkörper eine menschliche Psyche und damit einen unermesslichen Überlebensvorteil: Unbewusst leben wir mit der überstandenen Bedrohungserfahrung so präzise zusammen, dass wir sie in Sekundenbruchteilen abrufen können, falls es je wieder zu einer „gefühlt" ähnlichen Bedrohungslage kommen sollte. Auf diese Weise sind wir immer und zu jeder Zeit gewappnet. Die ersten Spuren eines menschlichen Bewusstseins im Sinne des „Ich bin da", entstanden vermutlich als Nebeneffekt dieses symbiotischen Zusammenlebens mit der wahrgenommenen und überstandenen Gefahr. Ohne überstandene Todesangst gäbe es kein Bewusstsein, keine Menschen.

Die Symbiose mit der Lebensgefahr enthält neben ihrem offensichtlichen Überlebensvorteil eine Schattenseite: Wir haben nahezu ständig falschen Alarm in Körper und Psyche. Wir fühlen uns viel öfter in Lebensgefahr, als wir es tatsächlich sind. Warum? Weil Symbiose an sich keine Unterscheidung kennt, nichts von sich Getrenntes oder Verschiedenes wahrnehmen kann, keine Differenz zwischen dem bedrohlichen Damals und dem sicheren Heute realisiert, mehr noch: weil Symbiose jede Unterscheidung selbst als eine tödliche Bedrohung erlebt.

Unsere Psyche kommt jedoch aus der Symbiose. Das symbiotische Zusammensein mit allen jemals überlebten Bedrohungserfahrungen *ist* das, was wir Psyche nennen. Genauer gesagt: Unsere Psyche ist die in einem fort sich vollziehende Symbiose mit vergangenen Bedrohungen und allem, was damals beim Überleben half. Mittels Symbiose erzeugen sich Bedrohung und Psyche immerfort gegenseitig.

Wie nun weiter? Wenn „Versöhnung" der Entspannung mit den gegenwärtigen inneren wie äußeren Gegebenheiten entspricht, tut Symbiose genau das Gegenteil: Sie verklebt uns bei jedem subjektiven und unbewussten Eindruck von Gefahr aufs Neue mit dem Vergangenen, mit dem „Damals". Symbiose führt uns immer neu in die Anspannung von Kampf, Flucht oder Erstarrung. Wenn ich das richtig sehe, leben wir auf diese Weise, eben weil in uns eine Psyche auf unser Überleben achtet, in einem andauernden Dilemma.

Der blaue Fisch wagt sich aus der Höhle ... und schaut dem Hai hinterher.

In der täglichen Arbeit mit Klientinnen, Klienten und Ausbildungsteilnehmenden sehe ich jedoch auch, wie sich die Symbiose mit vergangenen Bedrohungserfahrungen auflösen kann, wenn sie von heute aus gesehen wird, wenn es heutige Zeugen dafür gibt, dass die damalige Bedrohung vorüber ist, wenn unser Körper die Erfahrung machen darf, dass Situationen, die sich noch immer so ähnlich lebensgefährlich wie damals anfühlen, heute tatsächlich ganz anders sind, anders wirken, anders beherrschbar sind und für uns gut ausgehen, ja sogar nach ein wenig Eingewöhnungszeit in der Gegenwart überhaupt nicht mehr auffallen. „Versöhnung" wird jetzt deutlicher erkennbar als eine innere Eingewöhnung in die eigene Gegenwart. Daher ist sie vor allem eine Versöhnung mit sich selbst, mit all den jüngeren, damals subjektiv bedrohten „Ichs", mit all dem, was wir in unseren Familien vorgefunden, übernommen und erlitten haben, mit all dem, was unsere Vorfahren getan, gefühlt und gedacht oder eben nicht getan, nicht gefühlt und nicht gedacht haben.

Erst die Versöhnung mit sich selbst und mit der eigenen Geschichte ergibt überhaupt eine Möglichkeit, sich mit all dem zu versöhnen, was nicht man selbst ist: mit anderen Menschen, so wie sie eben sind, und mit der Welt, so wie sie eben ist. Wie man es auch dreht und wendet, „Versöhnung" landet immer bei der Zustimmung zu dem Gegebenen, zu dem, was ist, innerlich wie äußerlich. Sie öffnet sich dem Gegebenen und ist darin nicht mehr zu unterscheiden von der bedingungslosen Liebe, welche alle großen spirituellen Lehrerinnen und Lehrer vertreten.

Ich nenne sie „Selbstliebe". Sie vollzieht sich nicht anders als eine Bewegung des wehrlosen Sich-Öffnens gegenüber dem, was gerade geschieht. Das ist möglich, wenn man die Lebensgefahr von damals gesehen, gefühlt, körperlich wahrgenommen und durchlitten hat und nun weiß, dass sie vorüber ist und in dieser Form auch nicht mehr auftreten wird, da man selbst nun ein um 30, 40, 50 oder mehr Jahre erwachsenerer Mensch ist als damals. Diese Erkenntnis scheint mir die Voraussetzung für jegliche Versöhnung zu sein. Sie ist nicht billig zu haben, denn sie verlangt den offenen Kontakt zur damaligen Lebensgefahr, allerdings von heute aus, in der sicheren Gegenwart. Das kann sich wie ein Ritt durch die Hölle anfühlen, und es verlangt nach Wahrhaftigkeit und Respekt den eigenen damaligen Bedrohungserfahrungen und Überlebensmustern gegenüber.

Körperlich entspricht „Versöhnung“ dem entspannten Zustand, in dem man einfach dem nachgehen kann, was der Moment gerade anbietet. Der Atem geht ruhig und tief, der Sympathikus ist nahezu arbeitslos, der Stresshormonpegel bleibt im lustvollen Bereich, unsere Körper können sich selbst voll und ganz spüren und sie haben nichts gegen das, was sie da wahrnehmen. Die grundlegenden Überlebensimpulse Kampf, Flucht oder Erstarrung werden gerade nicht gebraucht. Unser Körper, und damit auch unser Bewusstsein, öffnen sich dem, was ist, dem Gegebenen, dem, was geschieht, mit uns selbst, mit anderen, mit der Welt. Das bedeutet für unser Thema: Versöhnung kann dann stattfinden, wenn die Lebensgefahr gerade nicht da ist.

„Versöhnung“ kommt aus der Entspannung, aus dem Einverstandensein mit allem, was gerade abläuft, innerlich wie äußerlich. Ein anderes Wort für diesen Zustand ist „Frieden“.

PS: Das Unbegreifliche
Das Einzige, mit dem ich mich nicht versöhnen will, ist das Unbegreifliche. Und mit allem, was nicht zusammenpasst. Was dasselbe ist.

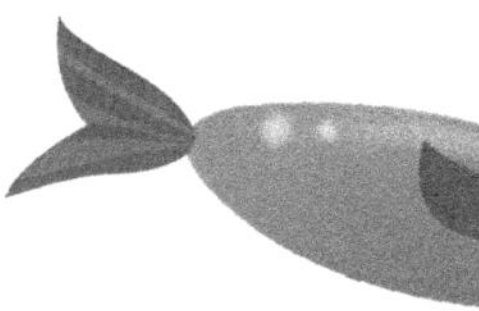

Der blaue Fisch wundert sich.
„Das Unbegreifliche" – was soll das sein?
Dann vergisst er die Frage und schwimmt davon.

DANK

Ohne das fortlaufende Gespräch mit meiner Frau und Kollegin Melanie Geßner wären viele Anschauungen in diesem Buch einfach nicht aufgetaucht, geschweige denn in eine lesbare Sprache gekommen. Danke von Herzen, Liebste!

Ähnlich wie Charles Darwin die biologische Evolution der Arten entdeckt hatte, gelang dies Wilfried Nelles mit der Beschreibung der Evolution unseres menschlichen Bewusstseins. Meine Grundannahmen über das menschliche Bewusstsein beziehen sich auf seine Arbeiten. Danke, Wilfried!

Die Anregung zu den Essays „Über den Zeitgeist" sowie „Trauma, Illusion und Spiritualität" kam jeweils von Peter Bourquin (Barcelona, ES). Danke, Peter!

Ohne die Erwartung und die hartnäckige Ermutigung meiner Verlegerin Jivana Werner hätte ich dieses Buch nicht fertig gebracht. Danke, Jivana!

Halle (Saale), Februar 2022

ÜBER DEN AUTOR

Geboren 1964 in Halle (Saale), wuchs Thomas Geßner als „Pfarrerskind“ einerseits in einer musikalisch und literarisch interessierten Umgebung auf, andererseits blieb ihm durch die kritische Haltung seiner Familie dem System der früheren DDR gegenüber die alltägliche Zugehörigkeit zu den Altersgenossen verwehrt. Er wollte gern Medizin studieren, wurde jedoch wegen verweigerter Jugendweihe nicht zum Abitur zugelassen. So lernte er zunächst einen Handwerksberuf und arbeitete als Tischler, holte dann die Hochschulreife nach und studierte Theologie.

Thomas Geßner war 20 Jahre lang evangelischer Pfarrer, bevor er sich 2011 nach gründlicher Ausbildung ganz dem Aufstellen zuwandte. Er arbeitet heute freiberuflich als Lehrtherapeut (DGfS) für Systemaufstellungen und als Berater, sowohl in seiner Geburtsstadt Halle (Saale) als auch deutschlandweit und in vielen europäischen Ländern. Er verbindet eine konsequent auf die Gegenwart bezogene Haltung mit seinen beruflichen Wurzeln im Handwerk und in der Seelsorge.

Seine Anschauungen entwickeln sich aus der klaren Unterscheidung des relativ sicheren „Jetzt" eines Menschen von seinem möglicherweise bedrohlichen „Damals". Thomas Geßner schaut darauf, was das Leben mit seinen Herausforderungen gerade von uns will und wie wir dem folgen können. Diese Perspektive auf Konflikte, Krisen und Krankheiten berührt die innere Lebendigkeit, bestärkt die eigene Kraft und öffnet neue Wege.

www.gessner-aufstellungen.de

Thomas Geßner
WIE WIR LIEBEN
Und was wir alles aus
Liebe tun oder vermeiden
232 Seiten
ISBN 978-3-942502-88-7

Wie kann man sich – ohne Selbstvorwurf – klarer sehen?

Dieser Frage geht Thomas Geßner in seinem Buch nach, indem er ausführt, „wie unbewusste Liebe unser Leben aus einer inneren Notwendigkeit heraus gestaltet.“
Von der Gegenwart aus schaut er auf unsere inneren Echos aus der Vergangenheit. Wann handeln, fühlen und denken wir wie Jugendliche, Kinder oder Ungeborene im Mutterleib?
Es zeigt sich, wie die „abhängige Liebe“ für unser Überleben sorgt und dabei keine Fehler macht.
Und er beleuchtet den anderen Pol der Liebe, die „Selbstliebe“, die Entfaltung und Hingabe sucht.

Wilfried Nelles |
Thomas Geßner
DIE SEHNSUCHT DES LEBENS NACH SICH SELBST
Der Lebens-Integrations-Prozess in der Praxis
352 Seiten | Broschur
ISBN 978-3-942502-30-6

Der Lebens-Integrations-Prozess ist ein von Wilfried Nelles entwickeltes Modell der Bewusstseinsentwicklung, wie er es bereits in seinem Buch „Umarme dein Leben" vorgestellt hat.
In diesem neuen Buch zeigt er konkrete Beispiele aus der LIP-Aufstellungsarbeit und die daraus entstehenden Erkenntnismöglichkeiten. Neben den dokumentierten LIP-Aufstellungen, die in Zusammenarbeit mit Thomas Geßner entstanden sind, zeigen sich hier deutlich Nelles spirituell-philosophische Einsichten zu den jeweiligen Lebensprozessen.